기초 문법의 확실한 첫걸음

THIS IS GRAMMAR

Starter

THIS IS GRAMMAR Starter 1

지은이 넥서스영어교육연구소
펴낸이 임상진
펴낸곳 (주)넥서스

출판신고 1992년 4월 3일 제311-2002-2호 ⑤
10880 경기도 파주시 지목로 5
전화 (02)330-5500 팩스 (02)330-5555

ISBN 979-11-89432-26-3 64740
     979-11-89432-25-6 (SET)

www.nexusbook.com
www.nexusEDU.kr

기초 문법의 확실한 첫걸음

THIS IS GRAMMAR

넥서스영어교육연구소 지음

Starter

1

NEXUS Edu

THIS IS GRAMMAR Starter

이렇게 공부해 보세요!

Step 1

Grammar 충전소

Unit 별 필수 문법 포인트 이해하기

Step 2

Check-up

개념 정리 문제로 기초 다지기

Step 3

Grammar 충전하기 10~70%

단계별 영문법+쓰기 훈련하기

Step 4

Grammar 충전하기 90%

EngGOGO 번역기로 한-영, 영-한 번역 훈련하기

Step 5

Grammar 충전하기 100%

중등 내신 유형 맛보기

Step 6

Workbook

창의력 워크북으로 재미있게 Unit 마스터하기

Special Step 1

Review 1

Grammar 카드 충전소로 학습 내용 다시 정리

Special Step 2

Review 2

Final Review로 실전 대비 훈련

Don't Forget 3

Review 3

QR코드 찍고 추가학습 Go Go!

- 모바일 단어장
- VOCA TEST
- 카드 충전소 정답 확인
- 동사 변화형 TEST

Features

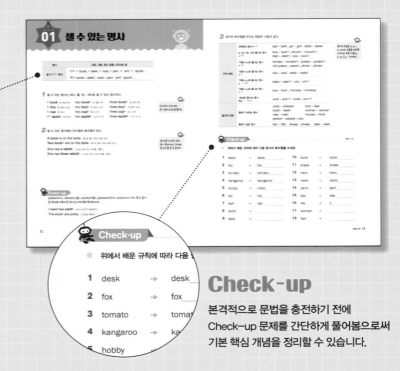

Grammar
핵심 설명 요약

총 8개의 Unit (Grammar 충전소)에서
초·중등 필수 영문법을 충전합니다.
한눈에 보기 쉽게 도표로 정리되어 있어
빠르게 핵심 영문법을 충전할 수 있습니다.

Check-up

본격적으로 문법을 충전하기 전에
Check-up 문제를 간단하게 풀어봄으로써
기본 핵심 개념을 정리할 수 있습니다.

Grammar 충전하기
10~70%

Grammar 충전소에서 배운 문법 사항을
정답 고르기, 빈칸 채우기, 배열하기, 문장 쓰기 등
다양하게 적용해 보면서 영문법을 충전합니다.

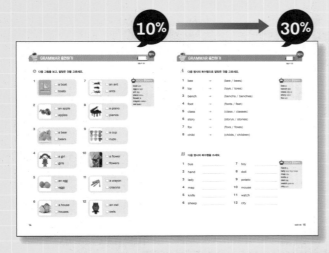

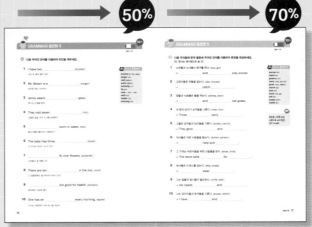

10% → 30% 50% → 70%

단어(word) → 구(phrase) → 문장(sentence)을 쓸 수 있게 단계별 연습 문제로 구성되어 있습니다.

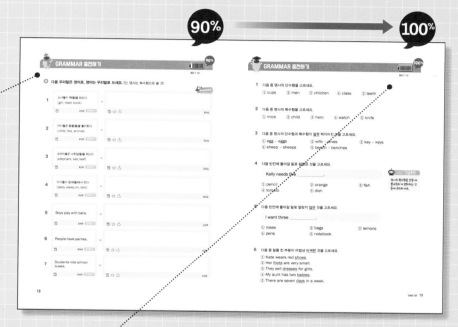

Grammar 충전하기
90%

90%가 충전되면
EngGOGO번역기처럼
한국어는 영어로, 영어는 한국어로
번역할 수 있는 실력을 갖추게 됩니다.

Grammar 충전하기
100%

100%가 충전되면 Grammar 충전소에 있는
문법 사항들을 100% 활용하여
학교 시험에서 볼 수 있는 문제를 쉽게
해결할 수 있습니다.

Grammar
카드 충전소

카드 충전소에서는 앞에서 배운 핵심 문법
내용을 정리하면서 영문법 기초를 확실히
다질 수 있습니다.

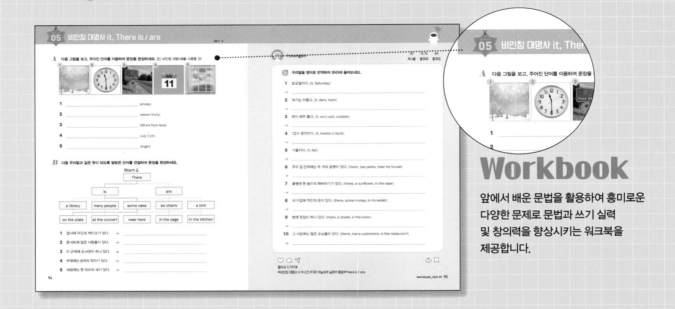

Workbook

앞에서 배운 문법을 활용하여 흥미로운
다양한 문제로 문법과 쓰기 실력
및 창의력을 향상시키는 워크북을
제공합니다.

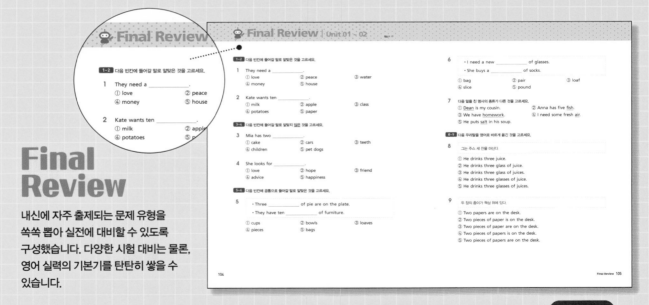

Final Review

내신에 자주 출제되는 문제 유형을
쏙쏙 뽑아 실전에 대비할 수 있도록
구성했습니다. 다양한 시험 대비는 물론,
영어 실력의 기본기를 탄탄히 쌓을 수
있습니다.

 추가 제공 자료   www.nexusEDU.kr   www.nexusbook.com

모바일 단어장
VOCA TEST

| 모바일 단어장 & VOCA TEST | 어휘 리스트 & 테스트지 | 동사변화표 & 테스트지 | 내신 + 서술형 대비 추가 문제 | 카드 충전소 정답 확인 |

CONTENTS

Study Plans

24일 완성 초급자

일	유닛	진도	진도표시
1일	Unit 01	충전하기 10~70%	✔
2일		충전하기 90%~100%	
3일		Workbook	
4일	Unit 02	충전하기 10~70%	
5일		충전하기 90%~100%	
6일		Workbook + Final Review	
7일	Unit 03	충전하기 10~70%	
8일		충전하기 90%~100%	
9일		Workbook	
10일	Unit 04	충전하기 10~70%	
11일		충전하기 90%~100%	
12일		Workbook	
13일	Unit 05	충전하기 10~70%	
14일		충전하기 90%~100%	
15일		Workbook + Final Review	
16일	Unit 06	충전하기 10~70%	
17일		충전하기 90%~100%	
18일		Workbook	
19일	Unit 07	충전하기 10~70%	
20일		충전하기 90%~100%	
21일		Workbook	
22일	Unit 08	충전하기 10~70%	
23일		충전하기 90%~100%	
24일		Workbook + Final Review	

16일 완성 중급자

일	유닛	진도	진도표시
1일	Unit 01	충전하기 10~90%	✔
2일		충전하기 100% + Workbook	
3일	Unit 02	충전하기 10~100%	
4일		Workbook + Final Review	
5일	Unit 03	충전하기 10~90%	
6일		충전하기 100% + Workbook	
7일	Unit 04	충전하기 10~90%	
8일		충전하기 100% + Workbook	
9일	Unit 05	충전하기 10~100%	
10일		Workbook + Final Review	
11일	Unit 06	충전하기 10~90%	
12일		충전하기 100% + Workbook	
13일	Unit 07	충전하기 10~90%	
14일		충전하기 100% + Workbook	
15일	Unit 08	충전하기 10~100%	
16일		Workbook + Final Review	

8일 완성 고급자

일	유닛	진도표시
1일	Unit 01	✔
2일	Unit 02	
3일	Unit 03	
4일	Unit 04	
5일	Unit 05	
6일	Unit 06	
7일	Unit 07	
8일	Unit 08	

THIS IS
GRAMMAR
Starter

Unit 01 셀 수 있는 명사

명사	사람, 사물, 장소 등을 나타내는 말
셀 수 있는 명사	단수: a book, a desk, a rose, a pen, an ant, an apple...
	복수: books, desks, roses, pens, ants, apples...

1 셀 수 있는 명사는 하나, 둘, 셋... 개수로 셀 수 있는 명사이다.

a **book** 한 권의 책	two **books** 두 권의 책	three **books** 세 권의 책
a **boy** 한 명의 소년	two **boys** 두 명의 소년	three **boys** 세 명의 소년
a **cup** 컵 하나	two **cups** 컵 두 개	three **cups** 컵 세 개
an **apple** 사과 하나	two **apples** 사과 두 개	three **apples** 사과 세 개

단수(하나)인 경우, 명사 앞에 a/an을 붙여요.

2 셀 수 있는 명사에는 단수형과 복수형이 있다.

A book is on the table. 책 한 권이 탁자 위에 있다.
Two books are on the table. 책 두 권이 탁자 위에 있다.

She has **a rabbit**. 그녀는 토끼 한 마리를 기른다.
She has **three rabbits**. 그녀는 토끼 세 마리를 기른다.

복수(둘 이상)인 경우, 명사 앞에 two, three 등 숫자를 쓸 수 있어요.

Power-up

pants(바지), shoes(신발), socks(양말), glasses(안경), scissors(가위) 등과 같이 한 쌍으로 이루어진 명사는 대개 복수형으로 써요.

I need new **pants**. 나는 새 바지가 필요하다.
The **shoes** are pretty. 그 신발은 예쁘다.

3 명사의 복수형을 만드는 방법은 다음과 같다.

규칙 변화	대부분의 명사 +-s	ball – balls, girl – girls, table – tables
	s, ch, sh, x로 끝나는 명사 +-es	bus – buses, church – churches, dish – dishes, box – boxes
	「자음+o」로 끝나는 명사 +-es	tomato – tomatoes, potato – potatoes (예외) piano – pianos, photo – photos
	「모음+o」로 끝나는 명사 +-s	zoo – zoos, radio – radios
	「자음+y」로 끝나는 명사 y →-ies	baby – babies, city – cities
	「모음+y」로 끝나는 명사 +-s	boy – boys, monkey – monkeys
	-f(e)로 끝나는 명사 f(e) →-ves	wolf – wolves, knife – knives
불규칙 변화	형태가 바뀌는 명사	child – children foot – feet tooth – teeth woman – women man – men mouse – mice person – people (사람들)
	형태가 같은 명사	fish – fish sheep – sheep deer – deer

> 영어의 모음은 a, e, i, o, u이고, 모음을 제외한 나머지는 모두 자음(b, c, d, f, g …)이에요.

Check-up

정답 P. 02

★ 위에서 배운 규칙에 따라 다음 명사의 복수형을 쓰세요.

1 desk → desk_____

2 fox → fox_____

3 tomato → tomato_____

4 kangaroo → kangaroo_____

5 hobby → hobb_____

6 toy → toy_____

7 leaf → lea_____

8 tooth → _____

9 deer → _____

10 book → book_____

11 dress → dress_____

12 hero → hero_____

13 radio → radio_____

14 party → part_____

15 day → day_____

16 life → li_____

17 woman → _____

18 fish → _____

⭐ 다음 그림을 보고, 알맞은 것을 고르세요.

1
- ☐ a boat
- ☐ boats

2
- ☐ an apple
- ☐ apples

3
- ☐ a bear
- ☐ bears

4
- ☐ a girl
- ☐ girls

5
- ☐ an egg
- ☐ eggs

6
- ☐ a house
- ☐ houses

7
- ☐ an ant
- ☐ ants

8
- ☐ a piano
- ☐ pianos

9
- ☐ a cup
- ☐ cups

10
- ☐ a flower
- ☐ flowers

11
- ☐ a crayon
- ☐ crayons

12
- ☐ an owl
- ☐ owls

VOCA 충전하기

boat 보트
egg 알, 달걀
ant 개미
piano 피아노
flower 꽃
crayon 크레파스
owl 올빼미

14

A 다음 명사의 복수형으로 알맞은 것을 고르세요.

1 bee → (bee / **bees**)

2 toy → (toys / toies)

3 bench → (benchs / benches)

4 foot → (foots / feet)

5 class → (class / classes)

6 story → (storys / stories)

7 fox → (foxs / foxes)

8 child → (childs / children)

VOCA 충전하기

bee 벌
bench 벤치
class 수업, 반
story 이야기
fox 여우

B 다음 명사의 복수형을 쓰세요.

1 bus _____

2 hand _____

3 lady _____

4 map _____

5 knife _____

6 sheep _____

7 boy _____

8 doll _____

9 potato _____

10 mouse _____

11 watch _____

12 city _____

VOCA 충전하기

hand 손
lady 숙녀, 여성, 아가씨
map 지도
knife 칼
doll 인형
watch 손목시계
city 도시

⭐ **다음 주어진 단어를 이용하여 빈칸을 채우세요.**

1 I have two _____. (brother)

나는 두 명의 형이 있다.

VOCA 충전하기

brother 형, 오빠, 남동생
singer 가수
visit 방문하다
swim 헤엄치다
butterfly 나비
fly 날다
over ~ 위에, ~ 위로
wolf 늑대
health 건강
morning 아침

2 Mr. Brown is a _____. (singer)

브라운 씨는 가수이다.

3 Jenny wears _____. (glass)

제니는 안경을 쓴다.

4 They visit seven _____. (city)

그들은 일곱 곳의 도시를 방문한다.

5 _____ swim in water. (fish)

물고기들은 물속에서 헤엄친다.

6 The baby has three _____. (tooth)

그 아기는 치아가 세 개 있다.

7 _____ fly over flowers. (butterfly)

나비들이 꽃 위를 난다.

8 There are ten _____ in the zoo. (wolf)

그 동물원에는 열 마리의 늑대가 있다.

9 _____ are good for health. (tomato)

토마토는 건강에 좋다.

10 She has an _____ every morning. (apple)

그녀는 아침마다 사과 하나를 먹는다.

⭐ **다음 우리말에 맞게 괄호에 주어진 단어를 이용하여 문장을 완성하세요.**
(단, 명사는 복수형으로 쓸 것)

1 소년들과 소녀들이 축구를 한다. (boy, girl)

→ _____ and _____ play soccer.

2 고양이들은 쥐들을 잡는다. (cat, mouse)

→ _____ catch _____.

3 양들과 사슴들은 풀을 먹는다. (sheep, deer)

→ _____ and _____ eat grass.

4 세 명의 남자가 상자들을 나른다. (man, box)

→ Three _____ carry _____.

5 그들은 감자들과 당근들을 기른다. (potato, carrot)

→ They grow _____ and _____.

6 의사들은 아픈 사람들을 돕는다. (doctor, person)

→ _____ help sick _____.

7 그 가게는 어린이들을 위한 신발들을 판다. (shoe, child)

→ The store sells _____ for _____.

8 숙녀들은 드레스를 입는다. (lady, dress)

→ _____ wear _____.

9 그는 칼들과 접시들이 필요하다. (knife, dish)

→ He needs _____ and _____.

10 나는 강아지들과 토끼들을 기른다. (puppy, rabbit)

→ I have _____ and _____.

VOCA 충전하기

soccer 축구
catch 잡다
grass 풀, 잔디
carry 나르다, 들고 있다
grow 기르다, 재배하다
carrot 당근
sick 아픈
store 가게, 상점
sell 팔다
puppy 강아지
rabbit 토끼

문장을 시작할 때는
대문자로 써야 함을
잊지 마세요!

⭐ **다음 우리말은 영어로, 영어는 우리말로 쓰세요.** (단, 명사는 복수형으로 쓸 것)

Eng GOGO

1

소녀들이 책(들)을 읽는다.
(girl, read, book)

KOR 번역하기

→

ENG

2

아이들은 동물(들)을 좋아한다.
(child, like, animal)

KOR 번역하기

→

ENG

3

코끼리들은 나뭇잎(들)을 먹는다.
(elephant, eat, leaf)

KOR 번역하기

→

ENG

4

아기들이 침대(들)에서 잔다.
(baby, sleep on, bed)

KOR 번역하기

→

ENG

5

Boys play with balls.

ENG 번역하기

→

KOR

6

People have parties.

ENG 번역하기

→

KOR

7

Students ride school buses.

ENG 번역하기

→

KOR

1 다음 중 명사의 단수형을 고르세요.

① cups　　② men　　③ children　　④ class　　⑤ teeth

2 다음 중 명사의 복수형을 고르세요.

① mice　　② child　　③ hero　　④ watch　　⑤ knife

3 다음 중 명사의 단수형과 복수형이 잘못 짝지어진 것을 고르세요.

① egg – eggs　　② wife – wives　　③ key – keys
④ sheep – sheeps　　⑤ bench – benches

4 다음 빈칸에 들어갈 말로 알맞은 것을 고르세요.

Kelly needs five _____.

① pencil　　② orange　　③ fish
④ tomato　　⑤ dish

HINT 긴급충전

명사의 복수형을 만들 때 불규칙하게 변화하는 것 들에 유의하세요.

5 다음 빈칸에 들어갈 말로 알맞지 <u>않은</u> 것을 고르세요.

I want three _____.

① roses　　② bags　　③ lemons
④ pens　　⑤ notebook

6 다음 중 밑줄 친 부분이 어법상 <u>어색한</u> 것을 고르세요.

① Kate wears red <u>shoes</u>.
② Her <u>foots</u> are very small.
③ They sell <u>dresses</u> for girls.
④ My aunt has two <u>babies</u>.
⑤ There are seven <u>days</u> in a week.

7 다음 중 어법상 <u>어색한</u> 것을 고르세요.

① Kevin is an actor.

② He has ten sheep.

③ Boys play with toys.

④ The clover has four leaves.

⑤ Mom makes three sandwich.

8 다음 괄호에 주어진 단어를 알맞게 변형하여 쓰세요.

1)

I have five _____ on Monday. (class)

2)

Most spiders have eight _____. (eye)

9 다음 밑줄 친 부분을 어법에 맞게 고쳐 문장을 다시 쓰세요.

제니퍼는 안경을 쓴다.   =   Jennifer wears <u>glass</u>.

HINT 긴급충전
한 쌍으로 이루어진 명사
는 대개 복수형으로 써요.

→ _____

10 다음 괄호 안에 주어진 지시대로 문장을 바꿔 다시 쓰세요.

My uncle has a child. (a → three)

→ _____

Unit 02 셀 수 없는 명사

셀 수 없는 명사	물질명사	일정한 형태가 없어서 셀 수 없는 물질
	추상명사	눈에 보이지 않는 추상적인 개념
	고유명사	사람, 장소, 사물 등의 고유한 이름

1 셀 수 없는 명사는 일정한 형태가 없어서 개수를 셀 수 없다.

물질명사	air, milk, sugar, juice, bread, flour, furniture, money, paper, rain, snow, cheese...
추상명사	love, news, peace, friendship, hope, happiness, advice, time, science...
고유명사	Jacob, May, Monday, New York, Korea, Christmas...

> 셀 수 없는 명사는 a/an을 붙일 수 없고 항상 단수형으로 써요.

> 고유명사의 첫 글자는 대문자로 써요.

2 셀 수 없는 명사는 단위나 용기를 이용해서 수를 나타낸다.

뜻	단위	셀 수 없는 명사
한 잔의 (일반적으로 따뜻한 음료)	a **cup** of / two **cup**s of	coffee, tea
한 잔의 (일반적으로 차가운 음료)	a **glass** of / two **glass**es of	water, milk, juice
한 조각의	a **piece** of / two **piece**s of	cake, pie, paper, advice, furniture
한 조각의 (얇은)	a **slice** of / two **slice**s of	cheese, pizza, toast
한 그릇의	a **bowl** of / two **bowl**s of	cereal, soup, salad
한 병의	a **bottle** of / two **bottle**s of	water, milk, juice, wine, shampoo
한 자루의	a **bag** of / two **bag**s of	rice, flour
1파운드의 (무게 단위)	a **pound** of / two **pound**s of	flour, sugar, meat
한 덩어리의	a **loaf** of / two **loa**ves of	bread, meat

Power-up

한 쌍으로 이루어져 복수형으로 쓰는 명사 glasses, socks, pants, shoes, scissors 등은 a pair of, two pairs of...를 써서 수를 나타내요.

Two pairs of **shoes** are on the shelf. 신발 두 켤레가 선반 위에 있다.

정답 P. 03

A 다음 중 명사의 종류가 나머지 셋과 <u>다른</u> 하나를 고르세요.

1 furniture / desk / paper / cheese

2 orange / water / sand / tea

3 Mr. Brown / Korea / dog / May

4 love / peace / hope / city

5 time / school / English / rain

6 friendship / book / news / happiness

 VOCA 충전하기

furniture 가구
sand 모래
tea 차
peace 평화
hope 희망
friendship 우정
news 소식
happiness 행복

B 다음 그림을 보고 빈칸에 알맞은 말을 쓰세요.

VOCA 충전하기

flour 밀가루
meat 육류, 고기

1   a _____ of coffee

2   a _____ of milk

3   a _____ of juice

4   a _____ of pie

5   a _____ of flour

6   a _____ of meat

A 다음 문장에서 셀 수 <u>없는</u> 명사를 찾아 빈칸에 쓰세요.

1 Time is up. 시간이 다 되었다. _____

2 Julia is a lovely girl. 줄리아는 사랑스러운 소녀이다. _____

3 My mom bakes bread. 우리 엄마는 빵을 굽는다. _____

4 I need some fresh air. 나는 신선한 공기가 필요하다. _____

5 We drink milk every day. 우리는 매일 우유를 마신다. _____

6 My uncle lives in France. 나의 삼촌은 프랑스에 사신다. _____

VOCA 충전하기

lovely 사랑스러운
bake 굽다
some 조금, 약간의
fresh 신선한

B 다음 [보기]와 같이 주어진 말을 알맞은 형태로 바꿔 쓰세요.

> **보기** a bottle of water → three <u>bottles of water</u>

1 a glass of juice → seven _____

2 a loaf of bread → five _____

3 a piece of cake → four _____

4 a slice of cheese → eight _____

5 a bag of rice → three _____

6 a pair of glasses → two _____

⭐ 다음 괄호 안에서 알맞은 말을 고르세요.

1 Mia is from (a Canada / Canada).

미아는 캐나다에서 왔다.

2 I have some (money / moneys).

나에게 돈이 조금 있다.

3 We have (snow / snows) in winter.

겨울에 눈이 내린다.

4 My birthday is in (a June / June).

내 생일은 6월이다.

5 He falls in (a love / love) with her.

그는 그녀와 사랑에 빠진다.

6 Ben needs five (pieces / glasses) of paper.

벤은 다섯 장의 종이가 필요하다.

7 She gives us two (slices / cups) of coffee.

그녀가 우리에게 두 잔의 커피를 준다.

8 Sofia wants three (pairs / bottles) of water.

소피아는 세 병의 물을 원한다.

9 My mom buys two (pounds / pieces) of sugar.

우리 엄마는 2파운드의 설탕을 사신다.

10 I have a (bowl / loaf) of cereal for breakfast.

나는 아침으로 한 그릇의 시리얼을 먹는다.

A 다음 밑줄 친 부분을 바르게 고쳐 문장을 다시 쓰세요.

1 I like <u>a rain</u>.

→ _____

2 Sam does his <u>homeworks</u>.

→ _____

3 They speak <u>a Spanish</u>.

→ _____

4 We stay in <u>a Toronto</u>.

→ _____

5 She puts <u>sugars</u> into her coffee.

→ _____

> **VOCA 충전하기**
>
> **do one's homework**
> 숙제를 하다
> **speak** 말하다
> **Spanish** 스페인어
> **stay** 머물다, 지내다
> **Toronto** 토론토
> **put** 넣다
> **into** ~ 안으로, 안에

> **HINT 긴급충전**
>
> homework(숙제)는
> 셀 수 없어요.

B 다음 우리말에 맞게 괄호에 주어진 말을 이용하여 문장을 완성하세요.

1 나는 코코아 한 잔을 원한다. (cup, hot chocolate)

→ I want _____ .

2 우리 선생님이 나에게 충고 한 마디를 해 주신다. (piece, advice)

→ My teacher gives me _____ .

3 그녀는 세 켤레의 양말이 필요하다. (pair, socks)

→ She needs _____ .

4 세 덩어리의 빵이 바구니 안에 있다. (loaf, bread)

→ _____ are in the basket.

5 우리 아빠가 네 그릇의 샐러드를 만드신다. (bowl, salad)

→ My dad makes _____ .

> **VOCA 충전하기**
>
> **hot chocolate** 코코아
> **advice** 충고
> **sock(s)** 양말
> **basket** 바구니
> **salad** 샐러드

⭐ 다음 우리말은 영어로, 영어는 우리말로 쓰세요.

Eng GOGO

1
나는 음악을 듣는다.
(I, listen to, music)
KOR 번역하기
→
ENG

2
우리는 희망이 있다.
(we, have, hope)
KOR 번역하기
→
ENG

3
그녀는 세 잔의 주스를 만든다.
(she, makes, glass, juice)
KOR 번역하기
→
ENG

4
그들은 고기 다섯 덩어리를 산다.
(they, buy, loaf, meat)
KOR 번역하기
→
ENG

5
I eat two slices of toast.
ENG 번역하기
→
KOR

6
Children like snow.
ENG 번역하기
→
KOR

7
He drinks three cups of tea.
ENG 번역하기
→
KOR

정답 P. 04

1 다음 중 셀 수 없는 명사가 <u>아닌</u> 것을 고르세요.

① air   ② snow   ③ class

④ Saturday   ⑤ homework

2 다음 중 짝지어진 명사의 종류가 서로 <u>다른</u> 것을 고르세요.

① Alex – Sydney   ② rain – water   ③ happiness – peace

④ honey – coffee   ⑤ love – friend

3 다음 빈칸에 들어갈 말로 알맞은 것을 고르세요.

> She bakes five _____ of bread.

HINT 긴급충전

셀 수 없는 명사는 단위나 용기를 이용해서 수를 나타내요.

① cups   ② bowls   ③ bottles

④ loaves   ⑤ glasses

4 다음 빈칸에 들어갈 말로 알맞지 <u>않은</u> 것을 고르세요.

> I want a piece of _____.

① pie   ② cake   ③ soup

④ advice   ⑤ furniture

5 다음 중 밑줄 친 부분이 어법상 <u>어색한</u> 것을 고르세요.

① I eat two <u>bowls</u> of rice.

② My mom needs <u>bag</u> of flour.

③ She drinks <u>a glass</u> of milk.

④ He has two <u>bottles</u> of wine.

⑤ The man buys five <u>pounds</u> of sugar.

6 다음 중 어법상 <u>어색한</u> 것을 고르세요.

① Ryan lives in a London.
② She wears a pair of pants.
③ We need two glasses of milk.
④ I want three pieces of cake.
⑤ He eats cookies with a cup of tea.

7 다음 문장을 아래와 같이 바꿔 쓸 때 빈칸에 알맞은 말을 쓰세요.

He buys <u>a</u> pound of meat.

→ He buys <u>six</u> _____ _____ _____ .

8 다음 밑줄 친 부분을 어법에 맞게 고쳐 문장을 다시 쓰세요.

My favorite food is <u>breads</u>. 내가 가장 좋아하는 음식은 빵이다.

HINT 긴급충전
셀 수 없는 명사는 복수형
으로 쓸 수 없어요.

→ _____

[9-10] 다음 우리말과 같은 뜻이 되도록 괄호에 주어진 단어를 이용하여 문장을 완성하세요.

9 나는 양말 한 켤레가 필요하다. (need, sock)

→ _____

10 세 자루의 쌀이 부엌에 있다. (there are, rice)

→ _____ in the kitchen.

GRAMMAR 카드 충전소

정답 P. 04

⭐ 앞에서 배운 내용을 다음 명사 카드에 정리해 보세요.

정답 보기

대부분의 명사 + -s
s, ch, sh, x로 끝나는 명사 + -es

cup → _____

book → _____

flower → _____

dish → _____

fox → _____

자음+o로 끝나는 명사 + -es
모음+o로 끝나는 명사 + -s

tomato → _____

hero → _____

potato → _____

zoo → _____

radio → _____

불규칙 변화 명사

man → _____

mouse → _____

sheep → _____

child → _____

tooth → _____

명사
Nouns

자음+y로 끝나는 명사 y → -ies
모음+y로 끝나는 명사 + -s
f(e)로 끝나는 명사 f(e) → -ves

party → _____

lady → _____

day → _____

monkey → _____

leaf → _____

셀 수 없는 명사의 수량 표현

한 잔의(일반적으로 따뜻한): a _____ of + coffee/tea

한 잔의(일반적으로 차가운): a _____ of + water/milk

한 조각의: a _____ of + pie/paper/advice

한 조각의(얇은): a _____ of + cheese/pizza

한 그릇의: a _____ of + cereal/soup

한 병의: a _____ of + water/milk/juice

한 자루의: a _____ of + rice/flour

일 파운드의: a _____ of + sugar/meat

한 덩어리의: a _____ of + bread/meat

Unit 03 인칭대명사

단·복수	인칭	주격 (~은/는/이/가)	소유격 (~의)	목적격 (~을/를)	소유대명사 (~의 것)
단수	1	I 나는	my 나의	me 나를	mine 나의 것
	2	you 너는	your 너의	you 너를	yours 너의 것
	3	he 그는	his 그의	him 그를	his 그의 것
	3	she 그녀는	her 그녀의	her 그녀를	hers 그녀의 것
		it 그것은	its 그것의	it 그것을	–
복수	1	we 우리는	our 우리의	us 우리를	ours 우리의 것
	2	you 너희들은	your 너희들의	you 너희들을	yours 너희들의 것
	3	they 그들은	their 그들의	them 그들을	theirs 그들의 것

its(그것의)와 it's(it is의 축약형)을 혼동하지 않도록 주의해야 해요.

1 인칭대명사는 사람이나 사물을 대신 가리키는 말이다.

Greg is my friend. He is kind to me. 그렉은 내 친구이다. 그는 나에게 친절하다.
I have a little sister. Her name is Lena. 나는 여동생이 있다. 그녀의 이름은 레나이다.
Kelly has a bike. She rides it to school.
켈리는 자전거 한 대를 가지고 있다. 그녀는 그것을 타고 학교에 다닌다.

1인칭은 '나 또는 우리'
2인칭은 '너 또는 너희'
3인칭은 그 외의 나머지를 말해요.

2 주격은 '~은/는/이/가'라는 의미로 문장에서 주어 역할을 한다.

She is from Australia. 그녀는 호주 출신이다.
They look very happy. 그들은 매우 행복해 보인다.

3 소유격은 '~의'라는 의미로 명사 앞에 쓰여 소유를 나타낸다.

They need your help. 그들은 너의 도움이 필요하다.
We often visit our grandparents. 우리는 종종 우리의 조부모님을 방문한다.

고유명사의 소유격은 「고유명사+'s」로 나타내요.
Mason's bike
매이슨의 자전거

4 목적격은 '~을/를'이라고 해석하며 문장에서 목적어 역할을 한다.

Your parents know them well. 너의 부모님은 그들을 잘 아신다.
My sister and I meet him every day. 나의 언니와 나는 그를 매일 만난다.

of, with, for, to, without 등과 같은 전치사 뒤에는 목적격 인칭대명사를 써요.

My mom tells a story <u>to</u> us. 우리 엄마는 우리에게 이야기를 해준다.
I go to school <u>with</u> him. 나는 그와 함께 학교에 간다.

5 소유대명사는 「소유격+명사」를 대신하는 말이다.

The textbook is mine (= my textbook). 그 교과서는 내 것이다.
The white car is hers (= her car). 그 하얀 차는 그녀의 것이다.

정답 P. 05

⭐ 빈칸에 알맞은 인칭대명사를 쓰세요.

단·복수	인칭	주격	소유격	목적격	소유대명사
단수	1	I	① _____	me	mine
	2	you	your	you	② _____
	3	③ _____	his	him	his
		she	her	④ _____	hers
		it	⑤ _____	it	–
복수	1	we	our	us	⑥ _____
	2	you	your	⑦ _____	yours
	3	⑧ _____	their	them	theirs

⭐ 다음 괄호에 주어진 단어를 활용하여 문장을 완성하세요.

주격

VOCA 충전하기

birthday 생일
piano 피아노
California 캘리포니아주
seat 자리, 좌석
name 이름
hate 싫어하다
invite 초대하다
every 모든, 매, ~마다
new 새로운

1 _____ have a birthday party. (I) 나는 생일 파티를 한다.

2 _____ plays the piano. (she) 그녀는 피아노를 연주한다.

3 _____ live in California. (they) 그들은 캘리포니아주에 산다.

소유격

4 This is _____ seat. (you) 이것이 너의 자리이다.

5 Bella knows _____ name. (he) 벨라는 그의 이름을 안다.

목적격

6 We hate _____ very much. (it) 우리는 그것을 아주 싫어한다.

7 They invite _____ to their house. (we) 그들은 우리를 그들의 집으로 초대한다.

8 Sam visits _____ every Sunday. (I) 샘은 매주 일요일에 나를 방문한다.

소유대명사

9 The new car is _____. (we) 그 새 차는 우리의 것이다.

10 _____ are on the table. (you) 너희들의 것은 탁자 위에 있다.

⭐ 다음 밑줄 친 부분에 유의하여 괄호 안에서 알맞은 것을 고르세요.

1 나는 만화책을 좋아한다.

(I / My / Me) like comic books.

2 그것은 서랍 안에 있다.

(It / Its) is in the drawer.

3 그들은 나의 반 친구들이다.

(They / Their / Them) are my classmates.

4 너의 눈은 예쁘다.

(You / Your / Yours) eyes are beautiful.

5 클래어는 그녀의 방에 있다.

Clare is in (she / her / hers) room.

6 그린 선생님이 우리를 가르치신다.

Mrs. Green teaches (we / our / us).

7 우리 엄마가 그를 돌보신다.

My mom takes care of (he / his / him).

8 우리 오빠들이 집에서 나를 도와준다.

My brothers help (my / me / mine) at home.

9 그 공들은 그들의 것이다.

The balls are (their / them / theirs).

10 그 분홍색 신발은 그녀의 것이다.

The pink shoes are (she / her / hers).

VOCA 충전하기
comic book 만화책
drawer 서랍
classmate 급우, 반 친구
beautiful 아름다운
room 방
teach 가르치다
take care of ~을 돌보다
ball 공
pink 분홍색의

⭐ **다음 밑줄 친 부분을 알맞은 대명사로 바꾸세요.**

1 <u>Dave</u> is very shy.

→ _____ is very shy.

2 These are <u>his glasses</u>.

→ These are _____.

3 I love <u>sea animals</u>.

→ I love _____.

4 Tyler goes fishing with <u>his father</u>.

→ Tyler goes fishing with _____.

5 This is <u>my pencil</u>.

→ This is _____.

6 He likes <u>Alice's</u> smile.

→ He likes _____ smile.

7 <u>The laptop computer</u> is heavy.

→ _____ is heavy.

8 <u>Chris and Jean</u> are very hungry.

→ _____ are very hungry.

9 <u>Brian's</u> brother is a college student.

→ _____ brother is a college student.

10 My mom bakes cookies for <u>my sister and me</u>.

→ My mom bakes cookies for _____.

> **VOCA 충전하기**
>
> **shy** 수줍음을 많이 타는
> **these** 이것들
> **sea** 바다
> **go fishing** 낚시를 가다
> **a lot** 많이
> **smile** 미소; 미소 짓다
> **laptop computer** 노트북 컴퓨터
> **heavy** 무거운
> **hungry** 배고픈
> **college** 대학

34

⭐ **다음 우리말에 맞게 빈칸에 알맞은 대명사를 넣어 문장을 완성하세요.**

VOCA 충전하기

remember 기억하다
face 얼굴
secret 비밀
borrow 빌리다
follow 따라다니다
look 모양새, 표정
the same as ~와 같은

1 나는 그녀의 얼굴을 기억한다.

→ _____ remember _____ face.

2 너는 그의 비밀들을 안다.

→ _____ know _____ secrets.

3 그것들은 너희들의 것이다.

→ _____ are _____ .

4 그의 부모님은 나를 좋아한다.

→ _____ parents like _____ .

5 그는 나의 것을 빌린다.

→ _____ borrows _____ .

6 그녀는 나와 함께 점심을 먹는다.

→ _____ has lunch with _____ .

7 그녀의 남동생은 그녀를 따라다닌다.

→ _____ brother follows _____ .

8 너희들은 내 가장 친한 친구들이다.

→ _____ are _____ best friends.

9 우리는 그것의 생김새를 싫어한다.

→ _____ hate _____ looks.

10 너의 자전거는 나의 것과 똑같다.

→ _____ bike is the same as _____ .

⭐ **다음 우리말은 영어로, 영어는 우리말로 바꾸세요.**

Eng GOGO

1

나는 너희들을 사랑한다.
(love)

KOR 번역하기 → ENG

2

그녀는 그의 말을 믿는다.
(believes, words)

KOR 번역하기 → ENG

3

그는 그녀를 위해 노래 부른다.
(sings for)

KOR 번역하기 → ENG

4

그것은 너의 것과 닮았다.
(looks like)

KOR 번역하기 → ENG

5

They are ours.

ENG 번역하기 → KOR

6

My friends know them.

ENG 번역하기 → KOR

7

I meet him every day.

ENG 번역하기 → KOR

정답 P. 05

1 다음 빈칸에 들어갈 말로 알맞은 것을 고르세요.

Mr. Smith loves _____ children.

① them ② his ③ she ④ me ⑤ yours

[2-3] 다음 빈칸에 들어갈 말로 알맞지 <u>않은</u> 것을 고르세요.

2

Ted helps _____ at school.

① us ② you ③ her ④ me ⑤ their

3

These balls are _____.

① mine ② yours ③ its ④ his ⑤ theirs

> **HINT 긴급충전**
>
> 소유대명사는 「소유격 + 명사」를 대신해요. 뒤에 명사가 와야 하는 소유격과는 차이가 있어요.

4 다음 밑줄 친 부분을 인칭대명사로 바꿀 때 알맞은 것을 고르세요.

<u>Jim and Paul</u> play soccer after school.

① You ② It ③ He ④ We ⑤ They

5 다음 빈칸에 들어갈 말이 순서대로 짝지어진 것을 고르세요.

Mrs. Brown is my teacher. _____ is very kind.
I like _____ a lot.

① She – she ② She – her
③ She – hers ④ Her – she
⑤ Her – hers

6 다음 우리말을 영어로 바르게 옮긴 것을 고르세요.

> 그 쿠키는 우리의 것이다.

① The cookies are us. ② The cookies are our.
③ The cookies are ours. ④ The cookies are your.
⑤ The cookies are yours.

7 다음 괄호에 주어진 말을 문맥에 맞게 알맞은 형태로 바꿔 쓰세요.

> 1) I want _____ advice. (you)
>
> 2) _____ are good actors. (they)
>
> 3) We play tennis with _____ every morning. (she)
>
> 4) Our car is small. _____ is big. (their)

8 다음 문장의 빈칸에 알맞은 말을 쓰세요.

> You and Harry are my friends. I like _____ very much.

HINT 긴급충전

you의 단수형(너)과 복수형(너희들)의 형태는 모두 같아요.

9 다음 우리말과 같은 뜻이 되도록 빈칸에 알맞은 말을 쓰세요.

> 그는 거북이 한 마리를 키운다. 그는 그것을 돌본다.

→ _____ has a turtle. _____ takes care of _____.

10 다음 문장의 밑줄 친 부분을 인칭대명사로 바꿔 문장을 다시 쓰세요.

> <u>Mia and I</u> are late for school.

→ _____

Unit 04 지시대명사

	단수	복수
가까이에 있는 대상	this 이것, 이 사람	these 이것들, 이 사람들
멀리 있는 대상	that 저것, 저 사람	those 저것, 저 사람들

1 지시대명사는 사람이나 사물을 대신 가리키는 말이다.

This **is** my friend. 이 아이는 내 친구이다.
That **is** my father. 저분이 우리 아버지이시다.

These **are** ladybugs. 이것들은 무당벌레들이다.
Those **are** her rain boots. 저것들은 그녀의 장화이다.

> 주어가 this 또는 that 일 경우 단수동사 is를, 주어가 these 또는 those일 경우 복수동사 are를 써요.

2 가까이에 있는 대상이 단수일 경우 this, 복수일 경우 these를 쓴다.

This **is** my picture. 이것이 내 사진이다.
These **are** my pictures. 이것들이 내 사진들이다.

3 멀리 있는 대상이 단수일 경우 that, 복수일 경우 those를 쓴다.

That **is** a rabbit. 저것은 토끼이다.
Those **are** rabbits. 저것들은 토끼들이다.

Power-up

this, these, that, those는 명사를 수식하는 형용사로도 쓰여요.
this, that 뒤에는 단수명사가, these, those 다음에는 복수명사가 와요.

This book **is** very interesting. 이 책은 정말 재미있다.

Those boxes **are** heavy. 저 상자들은 무겁다.

정답 P. 06

⭐ 다음 그림을 보고, 괄호 안에서 알맞은 것을 고르세요.

1

(This / These) is a lemon.

(This / These) are oranges.

 VOCA 충전하기

lemon 레몬
spider 거미
butterfly 나비
baseball 야구공

2

(That / Those) is a spider.

(That / Those) are butterflies.

3

(This / These) is my sister.

(That / Those) are my brothers.

4

(That / Those) is a soccer ball.

(This / These) are baseballs.

5

(These / Those) are my parents.

(These / Those) are my grandparents.

A 다음 밑줄 친 부분에 유의하여 괄호 안에서 알맞은 것을 고르세요.

1 (That is / Those are) a <u>clock</u>.

2 (This is / These are) your <u>gloves</u>.

3 (That is / Those are) our <u>pet dogs</u>.

4 (This is / These are) my favorite <u>food</u>.

5 (That is / Those are) my close <u>friends</u>.

6 (This is / These are) an interesting <u>book</u>.

VOCA 충전하기

clock 시계
glove(s) 장갑
pet dog 애완견
favorite 아주 좋아하는
food 음식
close 친한, 가까운
interesting 재미있는

B 다음 문장을 우리말에 맞게 바꿔 쓰세요.

1 This is an umbrella. 이것은 우산이다.

→ _____ are umbrellas. 이것들은 우산들이다.

2 That is a cute koala. 저것은 귀여운 코알라이다.

→ _____ are cute koalas. 저것들은 귀여운 코알라들이다.

3 These are easy questions. 이것들은 쉬운 문제들이다.

→ _____ is an easy question. 이것은 쉬운 문제이다.

4 Those are brilliant students. 저 아이들은 총명한 학생들이다.

→ _____ is a brilliant student. 저 아이는 총명한 학생이다.

5 That is a kite. 저것은 연이다.

→ _____ are kites. 저것들을 연이다.

VOCA 충전하기

umbrella 우산
cute 귀여운
koala 코알라
easy 쉬운
question 문제
brilliant 뛰어난, 우수한
kite 연

⭐ 다음 우리말과 같은 뜻이 되도록 빈칸에 알맞은 지시대명사를 쓰세요.

1 _____ is Ben's cousin.

저 아이가 벤의 사촌이다.

2 _____ is my lunch box.

이것은 내 도시락이다.

3 _____ are stars in the sky.

저것들은 하늘에 떠 있는 별들이다.

4 _____ is an empty bottle.

저것은 빈 병이다.

5 _____ are my teachers.

이분들이 내 선생님들이시다.

6 _____ are the letters for you.

이것들은 너에게 온 편지들이다.

7 _____ are my sister's mittens.

저것들은 내 여동생의 손모아장갑이다.

8 _____ is her best friend.

이 아이가 그녀의 가장 친한 친구이다.

9 _____ are broken chairs.

저것들은 부러진 의자들이다.

10 _____ are Mrs. Jones' sons.

저분들이 존스 부인의 아들들이다.

VOCA 충전하기

cousin 사촌
lunch 점심
star 별
sky 하늘
empty 빈
teacher 선생님
letter 편지
mitten(s) 손모아장갑
best 최고의, 제일 좋은
broken 고장 난, 부러진
chair 의자
son 아들

⭐ 다음 우리말에 맞게 주어진 단어를 알맞게 배열하세요.

1 저것은 우리의 집이다. (house, is, our, that)

→ _____

2 이것은 못생긴 오리이다. (an ugly duck, is, this)

→ _____

3 이것은 우리 엄마의 반지이다. (mother's ring, this, my, is)

→ _____

4 저것은 비행기이다. (is, that, a plane)

→ _____

5 저것들은 먹구름이다. (those, dark clouds, are)

→ _____

6 이것들은 나의 귀걸이이다. (are, these, earrings, my)

→ _____

7 저 스웨터는 내 것이다. (that, is, mine, sweater)

→ _____

8 이분들은 훌륭한 의사들이다. (good doctors, are, these)

→ _____

9 저 드럼들은 그의 것이다. (his, those, are, drums)

→ _____

10 이 꽃들은 너를 위한 것이다. (these, are, for, you, flowers)

→ _____

VOCA 충전하기

ugly 못생긴
duck 오리
ring 반지
plane 비행기
dark 어두운, 짙은
cloud 구름
earring 귀걸이
sweater 스웨터
doctor 의사
drum 북, 드럼

⭐ **다음 우리말은 영어로, 영어는 우리말로 쓰세요.** (단, 명사의 단·복수형에 주의할 것)

1

저것들은 고릴라(들)이다.
(gorillas)

KOR 번역하기

→

ENG

2

이것은 나의 교과서이다.
(textbook)

KOR 번역하기

→

ENG

3

저분은 **훌륭한 음악가**이다.
(a great musician)

KOR 번역하기

→

ENG

4

이것들은 컵케이크(들)이다.
(cupcake)

KOR 번역하기

→

ENG

5

This is my grandfather.

ENG 번역하기

→

KOR

6

Those apples are fresh.

ENG 번역하기

→

KOR

7

That is her favorite
book.

ENG 번역하기

→

KOR

정답 P. 07

1 다음 우리말과 같은 뜻이 되도록 빈칸에 알맞은 말을 고르세요.

이 아이가 제 친구 제니예요.

→ _____ is my friend Jenny.

① This　　② That　　③ These　　④ Those　　⑤ She

2 다음 빈칸에 들어갈 말로 알맞지 <u>않은</u> 것을 고르세요.

Those are _____.

① deer　　　　　② bananas　　　　③ dirty glasses
④ their house　　⑤ her children

3 다음 밑줄 친 부분의 쓰임이 나머지 넷과 <u>다른</u> 하나를 고르세요.

① <u>That</u> is a pear tree.
② <u>That</u> is your notebook.
③ <u>That</u> is an empty seat.
④ <u>That</u> girl over there is Kate.
⑤ <u>That</u> is my brother's toy car.

HINT 긴급충전

that은 지시대명사뿐만 아니라 명사 앞에 나오는 지시형용사로도 쓰여요.

[4-5] 다음 우리말을 영어로 바르게 옮긴 것을 고르세요.

4

이것은 잠자리이다.

① This is a dragonfly.　　② This is dragonflies.
③ That is a dragonfly.　　④ These are dragonflies.
⑤ Those are dragonflies.

5

저분들은 나의 이모들이시다.

① This is my aunt.　　② That is my aunts.
③ Those are my aunt.　　④ These are my aunts.
⑤ Those are my aunts.

6 다음 우리말과 같은 뜻이 되도록 빈칸에 알맞은 지시대명사를 쓰세요.

> 1) 이것은 나의 것이고, 저것은 너의 것이다.
>
> → _____ is mine, and _____ is yours.
>
> 2) 이것들은 제이슨의 크레파스이다.
>
> → _____ are Jason's crayons.

[7-8] 다음 밑줄 친 부분을 어법상 바르게 고치세요.

7

<u>This</u> are her dresses.

→ _____

8

<u>Those</u> is a new bike.

→ _____

HINT 긴급충전

주어가 this 또는 that일 경우 단수동사 is를, 주어가 these 또는 those일 경우 복수동사 are를 써요.

9 다음 우리말에 맞게 주어진 단어를 알맞게 배열하세요.

저것들은 학생들을 위한 컴퓨터이다. (computers, are, those)

→ _____ for students.

10 다음 우리말과 같은 뜻이 되도록 주어진 단어를 이용하여 문장을 완성하세요.

1) 이분들은 우리의 이웃들이다. (neighbors)

→ _____

2) 저것은 그의 생일 케이크이다. (birthday cake)

→ _____

46

GRAMMAR 카드 충전소

정답 P. 07

정답 보기

⭐ 앞에서 배운 내용을 다음 대명사 카드에 정리해 보세요.

인칭대명사

단·복수	인칭	주격	소유격	목적격	소유대명사
단수	1	I			
	2	you			
	3	he			
		she			
		it			
복수	1	we			
	2	you			
	3	they			

인칭대명사 & 지시대명사

지시대명사

⭐ 가까이에 있는 대상

• 단수(이것/이 사람): _____

• 복수(이것들/이 사람들): _____

⭐ 멀리에 있는 대상

• 단수(저것/저 사람): _____

• 복수(저것들/저 사람들): _____

Unit 05 비인칭 대명사 it, There is/are

	쓰임	해석
비인칭 대명사 it	시간, 요일, 날짜, 날씨, 계절, 거리, 명암 등을 나타내는 말	X
There is/are + 명사	사물이나 사람 등의 존재를 나타냄	~(들)이 있다

1 비인칭 대명사 it은 시간, 요일, 날짜, 날씨, 계절, 거리, 명암 등을 나타낼 때 주어로 쓰며 해석하지 않는다.

It is two o'clock. (시간) 정각 두 시이다.
It is Sunday today. (요일) 오늘은 일요일이다.
It is April 11th. (날짜) 4월 11일이다.
It is sunny. (날씨) 날씨가 화창하다.
It is spring. (계절) 봄이다.
It is about 200 meters. (거리) 약 200미터이다.
It is dark outside. (명암) 밖이 어둡다.

Power-up

비인칭 대명사 it은 '그것'이라는 의미의 인칭대명사와 혼동하지 않도록 주의해야 해요.

It is my computer. (인칭대명사) 그것은 나의 컴퓨터이다.
It is very cold outside. (비인칭 대명사 it) 밖이 정말 춥다.

2 There is/are는 '~(들)이 있다'라는 의미이며, There is 다음에는 단수명사 또는 셀 수 없는 명사가, There are 다음에는 복수명사가 온다.

There is <u>a book</u> on the desk. 책상 위에 한 권의 책이 있다.
There is <u>milk</u> in the bottle. 병에 우유가 있다.

There are <u>some books</u> on the desk. 책상 위에 몇 권의 책이 있다.
There are <u>many children</u> in the park. 공원에 많은 아이들이 있다.

there는 부사로 '거기, 그곳에'라고 해석하지만, There is / are 구문에서는 there를 '그곳에'라고 해석하지 않아요.

「There is / are + 명사」 다음에는 주로 장소를 나타내는 말이 와요.

GRAMMAR 충전하기

정답 P. 08

A 다음 밑줄 친 It이 가리키는 것을 고르세요.

1 <u>It</u> is cloudy. (날씨 / 요일 / 시간)

2 <u>It</u> is winter. (날씨 / 명암 / 계절)

3 <u>It</u> is Friday. (날짜 / 요일 / 거리)

4 <u>It</u> is dark here. (날짜 / 거리 / 명암)

5 <u>It</u> is 700 meters. (날씨 / 날짜 / 거리)

6 <u>It</u> is five o'clock. (요일 / 시간 / 명암)

VOCA 충전하기

cloudy 흐린
winter 겨울
Friday 금요일
dark 어두운
here 여기, 여기에
meter 미터
o'clock ~시, ~시 정각

B 다음 밑줄 친 부분에 유의하여 괄호 안에서 알맞은 것을 고르세요.

1 (There is / There are) <u>a cat</u> on the sofa.

2 (There is / There are) <u>photos</u> on the table.

3 (There is / There are) <u>toy robots</u> in the box.

4 (There is / There are) <u>coffee</u> in the cup.

5 (There is / There are) <u>flowers</u> in the vase.

6 (There is / There are) <u>a clock</u> on the wall.

VOCA 충전하기

sofa 소파
robot 로봇
vase 꽃병
wall 벽

A 다음 우리말과 같은 뜻이 되도록 [보기]에서 알맞은 말을 골라 대화를 완성하세요.

보기   8:30   windy   Tuesday   2km   April 15th

1 A: How is the weather today? 오늘 날씨가 어떤가요?

B: _____ is _____. 바람이 불어요.

2 A: What time is it now? 지금 몇 시예요?

B: _____ is _____. 8시 30분이에요.

3 A: What day is it today? 오늘은 무슨 요일이에요?

B: _____ is _____ today. 오늘은 화요일이에요.

4 A: What is the date today? 오늘은 며칠인가요?

B: _____ is _____. 4월 15일이에요.

5 A: How far is the train station? 기차역까지 얼마나 머나요?

B: _____ is _____ from here. 여기서 2킬로미터예요.

VOCA 충전하기

windy 바람이 부는
Tuesday 화요일
April 4월
weather 날씨
time 시간
now 지금, 이제
date 날짜
far 멀리, 먼
train 기차
station 역

B 다음 빈칸에 There is 또는 There are를 써서 문장을 완성하세요.

1 _____ _____ a bear in the woods.

2 _____ _____ a building near the bank.

3 _____ _____ students in the classroom.

4 _____ _____ some cheese on the dish.

5 _____ _____ many cars in the parking lot.

6 _____ _____ three lakes in the city.

VOCA 충전하기

woods 숲
building 건물
near 가까운, 가까이
classroom 교실
parking lot 주차장
lake 호수

A 다음 문장을 It으로 시작하는 문장으로 다시 쓰세요. (단, 축약형으로 쓰지 말 것)

1 The weather is warm. 날씨가 따뜻하다.

→ _____

2 The time is 9 o'clock. 9시 정각이다.

→ _____

3 Today is Monday. 오늘은 월요일이다.

→ _____ today.

4 Today is Children's Day. 오늘은 어린이날이다.

→ _____ today.

5 Today is November 18th. 오늘은 11월 18일이다.

→ _____ today.

> **VOCA 충전하기**
> warm 따뜻한
> Monday 월요일
> November 11월

B 다음 문장을 There is/are로 시작하는 문장으로 다시 쓰세요.

1 Two beds are in the room. 방에는 두 개의 침대가 있다.

→ _____ in the room.

2 A mirror is on the wall. 벽에 하나의 거울이 있다.

→ _____ on the wall.

3 Some bread is in the basket. 바구니 안에 약간의 빵이 있다.

→ _____ in the basket.

4 Five fish are in the fishbowl. 어항에 다섯 마리의 물고기가 있다.

→ _____ in the fishbowl.

5 A boat is on the river. 강에 보트 하나가 있다.

→ _____ on the river.

> **VOCA 충전하기**
> bed 침대
> room 방
> mirror 거울
> fishbowl 어항
> river 강

Unit 05 **51**

⭐ 다음 우리말에 맞게 주어진 단어를 알맞게 배열하세요. (단, 축약형으로 쓰지 말 것)

VOCA 충전하기

birthday 생일
rainy 비가 내리는
bright 밝은, 빛나는
plate 접시
snail 달팽이
garden 정원
yard 마당
chipmunk 다람쥐
pool 수영장
lots of 많은
mountain 산

1 오늘이 내 생일이다. (my, it, birthday, is, today)

→ _____

2 오늘은 비가 내린다. (rainy, is, it, today)

→ _____

3 지금은 3시 정각이다. (now, is, three o'clock, it)

→ _____

4 여기에서 500미터이다. (is, 500 meters, it, from here)

→ _____

5 밖이 밝다. (is, it, outside, bright)

→ _____

6 식탁 위에 하나의 접시가 있다. (is, a plate, there, on the table)

→ _____

7 정원에 달팽이가 많다. (many snails, are, there, in the garden)

→ _____

8 마당에 다람쥐 한 마리가 있다. (is, in the yard, there, a chipmunk)

→ _____

9 수영장에 20명의 아이들이 있다. (twenty children, there, are, in the pool)

→ _____

10 산에 많은 눈이 있다. (is, lots of snow, in the mountains, there)

→ _____

⭐ **다음 우리말은 영어로, 영어는 우리말로 바꾸세요.** (단, 축약형으로 쓰지 말 것)

1
6월 20일이다.
(June 20th)
KOR 번역하기
→
ENG

2
여름이다.
(summer)
KOR 번역하기
→
ENG

3
침대 옆에 램프가 있다.
(there, a lamp, by the bed)
KOR 번역하기
→
ENG

4
동물원에 다섯 마리의 호랑이가 있다. (there, five tigers, in the zoo)
KOR 번역하기
→
ENG

5
It is 800 meters.
ENG 번역하기
→
KOR

6
It is Wednesday today.
ENG 번역하기
→
KOR

7
There are many toys in the box.
ENG 번역하기
→
KOR

정답 P. 08

[1-2] 다음 빈칸에 들어갈 말로 알맞은 것을 고르세요.

1

_____ is windy outside.

① It   ② This   ③ That   ④ They   ⑤ There

2

_____ is 80km from here to London.

① It   ② This   ③ That   ④ They   ⑤ There

3 다음 빈칸에 들어갈 말로 알맞지 <u>않은</u> 것을 고르세요.

There are _____ on the desk.

① scissors   ② many pencils   ③ two erasers
④ five books   ⑤ some paper

HINT 긴급충전

There is 다음에는 단수
명사 또는 셀 수 없는 명사
가, There are 다음에
는 복수명사가 와요.

[4-5] 다음 두 문장이 같은 뜻이 되도록 빈칸에 알맞은 말을 고르세요.

4

Today is my birthday.

= _____ my birthday today.

① It is   ② That is   ③ This is
④ There is   ⑤ There are

5

Twenty people are in the room.

= _____ twenty people in the room.

① It is   ② That is   ③ This is
④ There is   ⑤ There are

6 다음 밑줄 친 부분의 쓰임이 나머지 넷과 <u>다른</u> 하나를 고르세요.

① <u>It</u> is four o'clock.

② <u>It</u> is Thursday today.

③ <u>It</u> is October 15th.

④ <u>It</u> is my rain coat.

⑤ <u>It</u> is very dark in this room.

HINT 긴급충전

'그것'이라는 의미의 인칭 대명사 it과 비인칭 대명사 it은 혼동하지 않도록 주의해야 해요.

7 다음 빈칸에 공통으로 들어갈 말을 쓰세요.

> • _____ is Monday today.
>
> • I have a bike. _____ is new.

[8-9] 다음 우리말과 일치하도록 주어진 단어를 알맞게 배열하세요.

8

오늘은 5월 5일이다. (today, is, May 5th, it)

→ _____

9

그 도시에는 많은 빌딩이 있다. (many buildings, are, in the city, there)

→ _____

10 다음 우리말과 같은 뜻이 되도록 주어진 단어를 이용하여 문장을 완성하세요.

1)

춥고 눈이 내린다. (cold and snowy)

→ _____

2)

냉장고에 약간의 버터가 있다. (some butter, in the refrigerator)

→ _____

정답 P. 09

정답 보기

⭐ 앞에서 배운 내용을 비인칭 대명사 it, There is/are 카드에 정리해 보세요.

◇ 비인칭 대명사 it

시간, 요일, 날짜, 날씨, 계절, 거리,
명암 등을 나타내는 말

♡ There is/are

'~(들)이 있다'라는 의미로
사람이나 사물의 존재를 나타냄

비인칭 대명사 it & There is/ are

◇ 비인칭 대명사의 쓰임

시간: _____ is ten o'clock.
열 시 정각이다.

요일: _____ is Monday today.
오늘은 월요일이다.

날짜: _____ is May 10th.
5월 10일이다.

날씨: _____ is cloudy.
흐리다.

계절: _____ is spring.
봄이다.

거리: _____ is 500 meters.
500미터이다.

명암: _____ is dark outside.
밖이 어둡다.

♤ There is/are의 쓰임

• There is + 단수명사/셀 수 없는 명사(+장소)

_____ _____ a cup on the table.
탁자에 한 개의 컵이 있다.

_____ _____ some milk in the glass.
유리잔에 약간의 우유가 있다.

• There are + 복수명사(+장소)

_____ _____ many trees in the park.
그 공원에는 많은 나무가 있다.

_____ _____ ten people on the bus.
버스에는 열 명의 사람이 있다.

Unit 06 be동사의 현재형

단·복수	인칭	주어	be동사	축약형	부정형	의문문
단수	1	I	am	I'm	am not	Am I ~?
	2	you	are	you're	are not [aren't]	Are you ~?
	3	he she it	is	he's she's it's	is not [isn't]	Is he ~? Is she ~? Is it ~?
복수	1	we	are	we're	are not [aren't]	Are we ~?
	2	you		you're		Are you ~?
	3	they		they're		Are they ~?

1 be동사의 현재형에는 am, are, is가 있다. 주격 인칭대명사와 be동사는 줄여 쓸 수 있다.

I am [I'm] Emily. 나는 에밀리이다.
He is [He's] from the U.K. 그는 영국 출신이다.

You are [You're] my friends. 너희들은 내 친구이다.
They are [They're] brave. 그들은 용감하다.

Power-up

주어가 단수명사이면 is를, 복수명사이면 are를 써요.

Ben is clever. 벤은 영리하다.
Ben and Mark are my classmates. 벤과 마크는 우리 반 친구이다.

2 am, are, is 뒤에 명사나 형용사가 오면 '~이다'라는 의미이고, 장소를 나타내는 말이 오면 '~에 있다'라는 의미이다.

She is an artist. 그녀는 예술가이다.
We are hungry. 우리는 배가 고프다.

It is on the floor. 그것은 바닥 위에 있다.
They are in France now. 그들은 지금 프랑스에 있다.

3 be동사의 부정형은 am, are, is 뒤에 not을 붙여 만들고, '~이 아니다', '~에 없다'라는 의미이다.

I am not a middle school student. 나는 중학생이 아니다.
You are not[aren't] lazy. 너는 게으르지 않다.
She is not[isn't] at home now. 그녀는 지금 집에 없다.

is not은 isn't로, are not은 aren't로 줄여 쓸 수 있어요. 단, am not은 줄여 쓰지 않아요.

4 be동사의 의문문은 「Am/Are/Is+주어~?」의 형태이고 '~이니?', '~에 있니?'라는 의미이다.

be동사의 의문문			긍정의 대답	부정의 대답
Am	I		Yes, you are.	No, you aren't.
Are	you	~?	Yes, I am (단수) / we are (복수).	No, I'm not / we aren't.
	we / they		Yes, we / they are.	No, we / they aren't.
Is	he / she / it		Yes, he / she / it is	No, he / she / it isn't.

Yes로 대답할 때 주어와 be동사는 줄여 쓰지 않아요.
Are you tired?
Yes, I'm. (×)
Yes, I am. (○)

It is cold outside. 밖에 춥다.
→ Is it cold outside? 밖에 춥니?
　Yes, it is. 응, 그래.　No, it isn't. 아니, 그렇지 않아.

They are at school. 그들은 학교에 있다.
→ Are they at school? 그들은 학교에 있니?
　Yes, they are. 응, 그래.　No, they aren't. 아니, 그렇지 않아.

대답할 때에는 대명사를 써야 해요.
Is Mike at home?
Yes, he is.
No, he isn't.

Check-up

정답 P. 09

★ 다음 주어에 알맞은 be동사 현재형을 쓰세요.

1 I _____

2 you _____

3 he _____

4 she _____

5 it _____

6 we _____

7 they _____

8 books _____

9 a pen _____

10 Jane and I _____

⭐ 다음 괄호 안에서 알맞은 것을 고르세요.

1 I (am / are / is) a student.

나는 학생이다.

2 He (am / are / is) in bed.

그는 침대에 누워 있다.

3 She (am / are / is) a ballerina.

그녀는 발레리나이다.

4 You (am / are / is) very busy.

너희들은 매우 바쁘다.

5 These books (am / are / is) boring.

이 책들은 지루하다.

6 They (am / are / is) in the park.

그들은 공원에 있다.

7 You (am / are / is) not weak.

너는 약하지 않다.

8 It (am / are / is) not my umbrella.

그것은 내 우산이 아니다.

9 (Am / Are / Is) we late for school?

우리는 학교에 늦었니?

10 (Am / Are / Is) Jessica your best friend?

제시카가 너의 가장 친한 친구니?

VOCA 충전하기

ballerina 발레리나
busy 바쁜
boring 지루한
weak 약한, 힘이 없는
late 늦은

A 다음 주어진 단어와 be동사의 현재형을 이용하여 문장을 완성하세요.

1 _____ _____ pretty? (I)

2 _____ _____ happy? (you)

3 _____ _____ Friday today. (it)

4 _____ _____ not my pets. (they)

5 _____ _____ not tired. (we)

VOCA 충전하기

pretty 예쁜
happy 행복한
pet 애완동물
tired 피곤한

B 다음 밑줄 친 부분을 축약형으로 다시 쓰세요.

1 <u>I am</u> twelve. 나는 열두 살이다.

→ _____ twelve.

2 <u>She is</u> very shy. 그녀는 매우 부끄럼을 많이 탄다.

→ _____ very shy.

3 <u>We are</u> in the kitchen. 우리는 부엌에 있다.

→ _____ in the kitchen.

4 You <u>are not</u> alone. 너는 혼자가 아니다.

→ You _____ alone.

5 He <u>is not</u> a reporter. 그는 기자가 아니다.

→ He _____ a reporter.

6 Paul and Chris <u>are not</u> at the gym. 폴과 크리스는 체육관에 없다.

→ Paul and Chris _____ at the gym.

VOCA 충전하기

alone 혼자
reporter 기자
gym 체육관

A 다음 문장을 괄호에 주어진 지시대로 바꿔 쓰세요. (단, 축약형으로 쓰지 말 것)

1 He is a pilot. (부정문)

→ _____

2 It is difficult. (부정문)

→ _____

3 We are in the third grade. (부정문)

→ _____

4 You are a musician. (의문문)

→ _____

5 She is in the classroom. (의문문)

→ _____

VOCA 충전하기

pilot 비행기 조종사
difficult 어려운
third 세 번째의
grade 학년, 성적, 등급
musician 음악가
classroom 교실

B 다음 빈칸에 알맞은 말을 넣어 대화를 완성하세요.

VOCA 충전하기

twin 쌍둥이
soup 수프
hot 더운, 뜨거운
sister 언니, 여동생

1 A: Are they twins?

B: Yes, _____ _____.

2 A: Is this soup hot?

B: No, _____ _____.

3 A: Are you a new student?

B: No, _____ _____.

4 A: Is this your sister?

B: Yes, _____ _____.

⭐ **다음 우리말에 맞게 주어진 단어를 알맞게 배열하세요.**

1 그녀는 화가이다. (she, a painter, is)

→ _____

2 그 경기는 흥미진진하다. (is, the game, exciting)

→ _____

3 우리는 휴가 중이다. (on vacation, are, we)

→ _____

4 우리 부모님은 캐나다인이시다. (Canadian, are, my parents)

→ _____

5 그는 뚱뚱하지 않다. (not, fat, is, he)

→ _____

6 당신들은 경찰관이 아니다. (are, you, police officers, not)

→ _____

7 나는 화가 나지 않았다. (am, angry, I, not)

→ _____

8 너는 아프니? (you, sick, are)

→ _____

9 그들은 너의 이웃이니? (are, your neighbors, they)

→ _____

10 프레드는 도서관에 있니? (in the library, Fred, is)

→ _____

VOCA 충전하기

painter 화가
game 경기, 게임
exciting 흥미진진한, 신나는
vacation 휴가, 방학
Canadian 캐나다(인)의, 캐나다인
fat 뚱뚱한
police officer 경찰관
angry 화가 난
sick 아픈
neighbor 이웃

⭐ **다음 우리말은 영어로, 영어는 우리말로 쓰세요.** (단, 축약형으로 쓰지 말 것)

1
우리는 놀이공원에 있다.
(in the amusement park) →

KOR 번역하기 · ENG

2
켈리는 사랑스럽다.
(Kelly, lovely) →

KOR 번역하기 · ENG

3
그것들은 내 안경이 아니다.
(glasses) →

KOR 번역하기 · ENG

4
그는 사진작가니?
(a photographer) →

KOR 번역하기 · ENG

5
I'm not bored. →

ENG 번역하기 · KOR

6
Are you a teacher? →

ENG 번역하기 · KOR

7
Is this movie funny? →

ENG 번역하기 · KOR

[1-2] 다음 빈칸에 들어갈 말로 알맞은 것을 고르세요.

1

_____ am hungry.

① I   ② He   ③ She   ④ You   ⑤ They

2

_____ is not interesting.

① I   ② It   ③ We   ④ You   ⑤ They

[3-4] 다음 우리말과 같은 뜻이 되도록 빈칸에 알맞은 말을 고르세요.

3

우리는 스페인 출신이 아니다.

→ We _____ from Spain.

① am not   ② is not   ③ not is
④ are not   ⑤ not are

> **HINT 긴급충전**
> be동사의 부정문은 be동사 뒤에 not을 써요.

4

그는 작가인가요?

→ _____ a writer?

① Am he   ② He is   ③ Is he
④ She is   ⑤ Is she

5 다음 대화의 빈칸에 알맞은 것을 고르세요.

A: Are you busy now?
B: _____

① Yes, I am.   ② Yes, you are.   ③ No, I amn't.
④ No, you aren't.   ⑤ No, we are.

6 다음 대화 중 자연스럽지 <u>않은</u> 것은?

① A: Are you twins?
　 B: Yes, we are.

② A: Is it fresh?
　 B: Yes, it is.

③ A: Am I right?
　 B: Yes, I am.

④ A: Is he late for class?
　 B: No, he isn't.

⑤ A: Are the boys in the playground?
　 B: No, they aren't.

7 다음 빈칸에 알맞은 be동사의 현재형을 쓰세요.

1) She _____ in the bathroom.

2) I _____ ten years old.

3) You _____ good students.

[8-9] 다음 문장을 괄호에 주어진 지시대로 바꿔 쓰세요.

8

You are good at math. (의문문)

→ _____

HINT 긴급충전

be동사 의문문은
「be동사+주어~?」의
형태를 가져요.

9

My mom is a good cook. (부정문)

→ _____

10 다음 괄호 안의 대명사를 주어로 하는 문장으로 다시 쓰세요.

1)

He is in the museum. (I)

→ _____

2)

It is very expensive. (they)

→ _____

be동사의 과거형

단·복수	인칭	주어	현재형	과거형	부정형	의문문
단수	1	I	am	was	was not [wasn't]	Was I ~?
	2	you	are	were	were not [weren't]	Were you ~?
	3	he she it	is	was	was not [wasn't]	Was he ~? Was she ~? Was it ~?
복수	1	we	are	were	were not [weren't]	Were we ~? Were you ~? Were they ~?
	2	you				
	3	they				

1 be동사의 과거형에는 was, were가 있으며, '~이었다', '~에 있었다'라는 의미이다.
과거형은 주로 yesterday, last ~, ~ ago, then, at that time 등과 같은 과거를
나타내는 표현과 함께 쓴다.

I was busy <u>yesterday</u>. 나는 어제 바빴다.
You were at school <u>at that time</u>. 너는 그때 학교에 있었다.
We were eleven years old <u>last year</u>. 우리는 작년에 열한 살이었다.

주어가 I / he / she / it이면 was를, you나 복수이면 were를 써요.

2 be동사 과거형의 부정은 was, were 뒤에 not을 붙여 만들고, '~아니었다', '~에 없었다'
라는 의미이다.

It was not [**wasn't**] cold last week. 지난주는 춥지 않았다.
She was not [**wasn't**] a teacher. 그녀는 선생님이 아니었다.
They were not [**weren't**] at the theater. 그들은 극장에 없었다.

was not은 wasn't로
were not은 weren't
로 줄여 쓸 수 있어요.

3 be동사 과거형 의문문은 「Was/Were+주어~?」의 형태이고 '~었니?', '~에 있었니?'
라는 의미이다.

Were **you** sick yesterday? 너는 어제 아팠니?
Yes, I was. 응, 그랬어.   No, I wasn't. 아니, 그렇지 않았어.

Was **he** a good boy? 그는 착한 소년이었니?
Yes, **he** was. 응, 그랬어.   No, **he** wasn't. 아니, 그렇지 않았어.

긍정의 대답은 「Yes,
주어+was / were」를,
부정의 대답은 「No,
주어+wasn't /
weren't.」를 써요.

⭐ 다음 밑줄 친 부분에 유의하여 빈칸에 was 또는 were를 쓰세요.

1 I _____ tired last night.

나는 어젯밤에 피곤했다.

2 You _____ here last Sunday.

너는 지난 일요일에 여기에 있었다.

3 He _____ a famous singer.

그는 유명한 가수였다.

4 _____ she in Hong Kong last month?

그녀는 지난달에 홍콩에 있었니?

5 It _____ Parents' Day yesterday.

어제는 어버이날이었다.

6 We _____ close friends.

우리는 친한 친구였다.

7 You _____ late this morning.

너희들은 오늘 아침에 늦었다.

8 They _____ not healthy then.

그들은 그때 건강하지 않았다.

9 The movie _____ very long.

그 영화는 정말 길었다.

10 _____ Ted and James your classmates?

테드와 제임스는 너희 반 친구들이었니?

> **VOCA 충전하기**
>
> **last night** 지난 밤
> **famous** 유명한
> **Hong Kong** 홍콩
> **month** 달
> **yesterday** 어제
> **this morning** 오늘 아침
> **healthy** 건강한
> **then** 그때
> **long** 긴

정답 P. 11

A 다음 괄호 안에서 알맞은 말을 고르세요.

1 I (was / were) in the museum then.

2 The people (were not / not were) kind.

3 The guests (was / were) on time.

4 The test (was not / not was) easy.

5 (Was / Were) the window broken?

6 (Was / Were) they on the same team?

VOCA 충전하기

museum 박물관
people 사람들
on time 제때, 정각에
test 시험
easy 쉬운
window 창문
broken 깨진, 고장 난
same 같은
team 팀, 조

B 다음 우리말에 맞게 주어진 단어와 be동사 과거형을 이용하여 문장을 완성하세요.

1 그 영화는 무서웠다. (the movie)

→ _____ scary.

2 나는 그 파티에 있지 않았다. (I, not)

→ _____ at the party.

3 너는 휴가 중이었니? (you)

→ _____ on holiday?

4 우리 부모님이 그 소식에 기뻐하셨다. (my parents)

→ _____ happy with the news.

5 레니는 수학에 흥미가 없었다. (Lenny, not)

→ _____ interested in math.

6 내 책이 책상 위에 있었니? (my book)

→ _____ on the desk?

VOCA 충전하기

scary 무서운
on holiday 휴가 중인
interested in
~에 관심 있는
math 수학

A 다음 주어진 문장을 과거시제로 바꾸세요. (단, 축약형으로 쓰지 말 것)

1 It is a strange feeling.

→ _____

2 I am with my friends.

→ _____

3 They are very noisy.

→ _____

4 Is he a good chef?

→ _____

5 Dave and Rick are not in class.

→ _____

B 다음 문장을 괄호에 주어진 지시대로 바꿔 쓰세요.

1 She was rude. (부정문)

→ _____

2 We were at the gym. (부정문)

→ _____

3 My camping trip was fun. (부정문)

→ _____

4 He was a firefighter. (의문문)

→ _____

5 The tickets were expensive. (의문문)

→ _____

⭐ **다음 우리말에 맞게 주어진 단어를 알맞게 배열하세요.**

1 그는 무대에서 멋있었니? (he, great, was)

→ _____ on the stage?

2 어제는 그의 생일이었다. (was, his, it, birthday)

→ _____ yesterday.

3 그 버스는 비어 있었다. (was, the bus, empty)

→ _____

4 그들은 부유하지 않았다. (not, were, rich, they)

→ _____

5 너의 삼촌은 배우이셨니? (an actor, was, uncle, your)

→ _____

6 나는 시험 준비가 안 돼 있었다. (not, I, ready, was)

→ _____ for the exam.

7 너희들은 작년에 중국에 있었니? (in China, you, were)

→ _____ last year?

8 우리는 지난 일요일에 동물원에 있었다. (were, at the zoo, we)

→ _____ last Sunday.

9 아이들은 매우 신이 나 있었다. (the children, very excited, were)

→ _____

10 이 노래들은 예전에 인기가 없었다. (were, these songs, popular, not)

→ _____ in the past.

VOCA 충전하기

great 위대한, 대단한, 멋진
stage 무대
empty 빈
rich 부유한, 돈 많은
ready for ~에 준비가 된
exam 시험
excited 신이 난, 들뜬
song 노래
popular 인기 있는
in the past 과거에

⭐ 다음 우리말은 영어로, 영어는 우리말로 쓰세요.

Eng GOGO

1 그녀는 병원에 있었다.
(in the hospital)
KOR 번역하기 → ENG

2 너는 운이 좋지 않았다.
(lucky)
KOR 번역하기 → ENG

3 그들은 축구 선수였다.
(soccer players)
KOR 번역하기 → ENG

4 그것은 슬픈 이야기였니?
(a sad story)
KOR 번역하기 → ENG

5 I was not there then.
ENG 번역하기 → KOR

6 The boy was brave.
ENG 번역하기 → KOR

7 Were they on the beach?
ENG 번역하기 → KOR

정답 P. 11

[1-2] 다음 빈칸에 들어갈 말로 가장 알맞은 것을 고르세요.

1

> Lisa _____ nine years old last year.

① am   ② are   ③ is   ④ was   ⑤ were

2

> She _____ in her room then.

① am not   ② aren't   ③ isn't
④ wasn't   ⑤ weren't

3 다음 빈칸에 들어갈 말로 알맞지 <u>않은</u> 것을 고르세요.

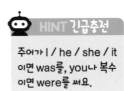

> _____ was in the garden.

주어가 I / he / she / it 이면 was를, you나 복수 이면 were를 써요.

① I   ② He   ③ Jane
④ My sister   ⑤ They

[4-5] 다음 우리말을 영어로 바르게 옮긴 것을 고르세요.

4

> 그는 의사가 아니었다.

① He not was a doctor.   ② He was not a doctor.
③ He was a doctor not.   ④ He not were a doctor.
⑤ He were not a doctor.

5

> 그 가위가 너의 것이었니?

① Am the scissors yours?   ② Is the scissors yours?
③ Are the scissors yours?   ④ Was the scissors yours?
⑤ Were the scissors yours?

6 다음 중 밑줄 친 부분이 어법상 <u>어색한</u> 것을 고르세요.

① Ted <u>wasn't</u> hungry.
② I <u>wasn't</u> sick yesterday.
③ They <u>weren't</u> our teachers.
④ You <u>wasn't</u> in the library.
⑤ My brothers <u>weren't</u> tall last year.

7 다음 밑줄 친 부분을 바르게 고쳐 쓰세요.

A: Were you at Jenny's house?
B: Yes, <u>you were</u>.

→ Yes, _____.

> HINT 긴급충전
> be동사 과거형 의문문은
> 「was / were+주어~?」
> 의 형태를 가져요.

8 다음 문장을 지시에 따라 바꿔 쓰세요.

He was nervous.

부정문 → _____

의문문 → _____

[9-10] 다음 우리말에 맞게 주어진 단어를 알맞게 배열하세요.

9
그것은 너의 잘못이 아니었다. (was, your, it, not, fault)

→ _____

10
그들은 작년에 4학년이었니? (they, in the fourth grade, were)

→ _____ last year?

GRAMMAR 카드 충전소

정답 P. 12

정답 보기

⭐ 앞에서 배운 내용을 다음 be동사 카드에 정리해 보세요.

be동사의 현재형

- 주어가 I → _____
- 주어가 he, she, it, 단수명사 → _____
- 주어가 we, you, they, 복수명사 → _____

be동사 현재형 부정문과 의문문

- 부정문: 「am / are / is + not」

I _____ tired.
나는 피곤하지 않다.

She _____ at school.
그녀는 학교에 없다.

They _____ insects.
그것들은 곤충이 아니다.

- 의문문: 「Am / Are / Is + 주어 ~?」

_____ right? 내 말이 맞니?

_____ hungry? 너는 배가 고프니?

_____ your cousin?
그는 너의 사촌이니?

be동사의 과거형

- 주어가 I, he, she, it, 단수명사
  → _____
- 주어가 we, you, they, 복수명사
  → _____

be동사의
현재형
&
과거형

be동사 과거형 부정문과 의문문

- 부정문: 「was / were + not」

I _____ at home. 나는 집에 없었다.

It _____ easy. 그것은 쉽지 않았다.

We _____ late. 우리는 늦지 않았다.

- 의문문: 「Was / Were + 주어 ~?」

_____ your classmate? 그는 너의 반 친구였니?

_____ expensive? 그것들은 비쌌니?

Unit 08 3인칭 단수 현재형 변화

인칭/단·복수	주어	동사
1인칭 단수/복수	I / we	동사원형
2인칭 단수/복수	you	
3인칭 복수	they	
3인칭 단수	he / she / it	동사원형+-(e)s

1 일반동사는 be동사와 조동사를 제외한 동사로, 주어의 동작이나 상태를 나타낸다. 주어가 I, you, 복수일 경우는 동사원형을 쓰고, 3인칭 단수일 경우 「동사원형+-(e)s」를 쓴다.

I like dinosaurs. 나는 공룡을 좋아한다.
He likes dinosaurs. 그는 공룡을 좋아한다.

They eat meat. 그것들은 고기를 먹는다.
It eats meat. 그것은 고기를 먹는다.

주어가 단수명사이면 「동사원형+-(e)s」를 쓰고, 복수명사이면 동사 원형을 써요.

2 3인칭 단수 현재형을 만드는 방법은 다음과 같다.

대부분의 동사	+-s	arrives, eats, comes, likes, loves, reads, runs
-o, -x, -s, -ss, -ch, -sh로 끝나는 동사	+-es	goes, fixes, misses, catches, washes
「자음+y」로 끝나는 동사	y → -ies	cries, studies, flies, tries
「모음+y」로 끝나는 동사	+-s	buys, enjoys, plays
불규칙 동사	**have**	has

He runs fast. 그는 빨리 달린다.

She goes to school. 그녀는 학교에 다닌다.

My baby sister cries a lot. 내 여동생은 많이 운다.

Ryan plays soccer every day. 라이언은 매일 축구 한다.

An elephant has a long nose. 코끼리는 코가 길다.

⭐ 다음 주어진 동사의 3인칭 단수 현재형을 쓰세요.

A
대부분의 동사 + -s

1 take → _____

2 see → _____

3 know → _____

4 listen → _____

5 wear → _____

B
-o, -x, -s, -ss, -ch, -sh로
끝나는 동사 + -es

1 wash → _____

2 go → _____

3 watch → _____

4 fix → _____

5 cross → _____

VOCA 충전하기

take 가지고 가다, 데리고 가다
see 보다
wash 씻다
fix 고치다
cross 건너다
cry 울다
try 노력하다, 애쓰다
enjoy 즐기다
pay 지불하다

C
「자음+y」로 끝나는 동사 y → ies

1 study → _____

2 cry → _____

3 try → _____

4 carry → _____

D
「모음+y」로 끝나는 동사 + -s

1 play → _____

2 buy → _____

3 enjoy → _____

4 pay → _____

E
불규칙 동사

have → _____

⭐ 다음 주어진 동사의 3인칭 단수 현재형을 쓰세요.

1 love	→ _____		**19** teach	→ _____
2 sing	→ _____		**20** sit	→ _____
3 want	→ _____		**21** kiss	→ _____
4 do	→ _____		**22** speak	→ _____
5 mix	→ _____		**23** leave	→ _____
6 finish	→ _____		**24** spray	→ _____
7 stay	→ _____		**25** worry	→ _____
8 get	→ _____		**26** live	→ _____
9 say	→ _____		**27** miss	→ _____
10 walk	→ _____		**28** dance	→ _____
11 come	→ _____		**29** work	→ _____
12 dry	→ _____		**30** fly	→ _____
13 lose	→ _____		**31** pass	→ _____
14 lie	→ _____		**32** talk	→ _____
15 push	→ _____		**33** wait	→ _____
16 call	→ _____		**34** like	→ _____
17 marry	→ _____		**35** touch	→ _____
18 have	→ _____		**36** sleep	→ _____

VOCA 충전하기

sing 노래하다
mix 섞다
finish 마치다, 끝내다
get 얻다, 받다
say 말하다
dry 말리다, 마르다
lose 잃다
lie 눕다; 거짓말하다
push 밀다
call 부르다
marry 결혼하다
leave 떠나다
spray (물을) 뿌리다
worry 걱정하다
miss 그리워하다, 놓치다
dance 춤추다
pass 지나가다, 놓치다
talk 말하다
wait 기다리다
touch 만지다

⭐ **다음 주어진 단어를 이용하여 문장을 완성하세요.**

1 She _____ ice cream. (like)

그녀는 아이스크림을 좋아한다.

2 Mr. Smith _____ cars. (fix)

스미스 씨는 차를 수리한다.

3 My brother _____ the violin. (play)

우리 형은 바이올린을 연주한다.

4 Mike _____ a gentle smile. (have)

마이크는 온화한 미소를 가지고 있다.

5 He _____ hard. (study)

그는 열심히 공부한다.

6 School _____ at three. (finish)

학교는 세 시에 끝난다.

7 My grandma _____ vegetables. (grow)

우리 할머니는 채소를 기르신다.

8 Kelly _____ her clothes on the Internet. (buy)

켈리는 인터넷으로 옷을 산다.

9 My sister _____ her homework. (do)

내 여동생은 숙제를 한다.

10 The movie _____ at 2:30. (start)

그 영화는 두 시 반에 시작한다.

⭐ 다음 우리말과 같은 뜻이 되도록 주어진 단어를 이용하여 문장을 완성하세요.

1 앤디는 겨울에 스키를 타러 간다. (go skiing in winter)

→ Andy _____.

2 우리 아빠는 TV 뉴스를 보신다. (watch TV news)

→ My dad _____.

3 그가 음식 값을 지불한다. (pay for the food)

→ He _____.

4 소피아는 커피를 즐긴다. (enjoy coffee)

→ Sophia _____.

5 화이트 씨는 고장 난 것들을 고친다. (fix broken things)

→ Mr. White _____.

6 우리 엄마는 요가를 배우신다. (learn yoga)

→ My mom _____.

7 클래어는 큰 가방을 가지고 다닌다. (carry a big bag)

→ Clare _____.

8 우리 언니가 설거지를 한다. (do the dishes)

→ My sister _____.

9 그녀는 자신의 친구들이 그립다. (miss her friends)

→ She _____.

10 독수리는 하늘을 난다. (fly in the sky)

→ An eagle _____.

VOCA 충전하기

ski 스키, 스키를 타다
watch 보다
news 소식, 뉴스
food 음식
thing 물건, 것
learn 배우다
yoga 요가

⭐ **다음 우리말은 영어로, 영어는 우리말로 쓰세요.**

1 그가 농구를 한다.
(play, basketball)

KOR 번역하기 → ☆ ⬆ ENG

2 그 소녀는 춤을 잘 춘다.
(the girl, dance well)

KOR 번역하기 → ☆ ⬆ ENG

3 그녀는 과학을 가르친다.
(teach, science)

KOR 번역하기 → ☆ ⬆ ENG

4 마이크는 천천히 걷는다.
(Mike, walk slowly)

KOR 번역하기 → ☆ ⬆ ENG

5 A car passes me.

ENG 번역하기 → ☆ ⬆ KOR

6 Sam washes his face.

ENG 번역하기 → ☆ ⬆ KOR

7 My aunt has a nice house.

ENG 번역하기 → ☆ ⬆ KOR

정답 P. 13

[1-2] 다음 중 동사원형과 3인칭 단수 현재형이 <u>잘못</u> 짝지어진 것을 고르세요.

1   ① go – goes
   ② run – runes
   ③ pay – pays
   ④ need – needs
   ⑤ read – reads

2   ① fly – flys
   ② push – pushes
   ③ give – gives
   ④ play – plays
   ⑤ kiss – kisses

3   다음 중 밑줄 친 부분이 어법상 <u>어색한</u> 것을 고르세요.

   ① She <u>haves</u> short hair.
   ② Kevin <u>lives</u> in Paris.
   ③ Ben <u>washes</u> his car.
   ④ The museum <u>opens</u> at nine.
   ⑤ My dad <u>drinks</u> coffee in the morning.

4   다음 중 어법상 <u>어색한</u> 것을 고르세요.

   ① The baby cries all day.
   ② Ron speaks Spanish well.
   ③ Ted watchs TV at night.
   ④ The woman works hard.
   ⑤ She cleans her room.

HINT 긴급충전

-ch로 끝나는 동사는
-es를 붙여 3인칭 단수
현재형을 만들어요.

[5-6] 다음 괄호에 주어진 단어를 알맞은 형태로 바꿔 문장을 완성하세요.

5

Rachel _____ books. (like)

She _____ them every day. (read)

6

My mom _____ up early. (get)

She _____ breakfast. (make)

[7-8] 다음 문장에서 어법상 <u>어색한</u> 부분을 찾아 바르게 고치세요. (단, 현재형으로 쓸 것)

7

My sister brush her teeth.

_____ → _____

8

He study English.

_____ → _____

[9-10] 다음 우리말과 같은 뜻이 되도록 주어진 단어를 이용하여 문장을 완성하세요.

9

우리 아빠는 6시에 일을 마치신다. (my dad, finish work, at six)

→ _____

10

그 새는 높이 난다. (the bird, fly high)

→ _____

GRAMMAR 카드 충전소

정답 P. 13

정답 보기

⭐ 앞에서 배운 내용을 다음 일반동사의 3인칭 단수 현재형 카드에 정리해 보세요.

♠ 대부분의 동사+s

want → _____

hope → _____

like → _____

help → _____

visit → _____

cook → _____

sing → _____

◇ -o, -x, -s, -ss, -ch, -sh로 끝나는 동사+-es

go → _____

do → _____

fix → _____

miss → _____

watch → _____

wash → _____

일반동사의 3인칭 단수 현재형 만들기

♡ 「자음+y」로 끝나는 동사: y → ies 「모음+y」로 끝나는 동사+-s

fly → _____

cry → _____

try → _____

carry → _____

play → _____

enjoy → _____

stay → _____

buy → _____

♣ 불규칙 동사

have → _____

THIS IS

GRAMMAR

Starter

1

Workbook

셀 수 있는 명사

정답 P. 14

A 다음 코드표를 보고 [보기]와 같이 주어진 명사의 복수형을 쓰세요.

■	□	▣	▤	▥	▦	▧	▨	▩	▲	△	▶	▼	▽	◆	◇	◈	○	◎	●	◑	◐	★	♠	♣	♡
A	B	C	D	E	F	G	H	I	J	K	L	M	N	O	P	Q	R	S	T	U	V	W	X	Y	Z

보기 bus → bus▥◎ → bus<u>es</u>

1 sky → sk▩▥◎ → sk_____

2 wife → wi◑▥◎ → wi_____

3 fox → fox▥◎ → fox_____

4 hero → hero▥◎ → hero_____

5 foot → f▥▥● → f_____

6 mouse → m▩▣▥ → m_____

7 photos → photo◎ → photo_____

8 friend → friend◎ → friend_____

9 woman → wo▼▥▽ → wo_____

10 sheep → sh▥▥◇ → sh_____

B 다음 문장의 밑줄 친 부분을 어법에 맞게 고쳐 쓰세요.

1 <u>Mans</u> carry boxes. 남자들이 상자들을 나른다. → _ _ _

2 We enjoy <u>holidaies</u>. 우리는 휴일들을 즐긴다. → _ _ _ _ _ _ _ _

3 Sharks have sharp <u>tooths</u>. 상어는 날카로운 이빨(들)을 가지고 있다. → _ _ _ _ _

4 <u>Babys</u> drink milk. 아기들은 우유를 마신다. → _ _ _ _ _ _

5 He wears his <u>pant</u>. 그는 자신의 바지를 입는다. → _ _ _ _ _

6 There are two <u>zooes</u> in town. 마을에는 두 개의 동물원이 있다. → _ _ _ _

우리말을 영어로 번역하여 SNS에 올려보세요. (단, 명사는 복수형으로 쓸 것)

1 원숭이들은 나무(들)에 오른다. (monkey, climb, tree)

→ _____

2 소년들이 샌드위치(들)를 먹는다. (eat, sandwich)

→ _____

3 늑대들이 사슴(들)을 쫓는다. (wolf, chase, deer)

→ _____

4 아이들이 쿠키(들)를 원한다. (child, want, cookie)

→ _____

5 학생들은 교과서(들)를 읽는다. (student, read, textbook)

→ _____

6 사람들이 사진(들)을 찍는다. (take, photo)

→ _____

7 작가들은 이야기(들)를 쓴다. (writer, write, story)

→ _____

8 소녀들이 붓으로 그림(들)을 그린다. (paint with, brush)

→ _____

9 어부들은 물고기(들)를 잡는다. (fisherman, catch)

→ _____

10 요리사들은 칼(들)을 이용한다. (cook, use, knife)

→ _____

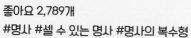

좋아요 2,789개

#명사 #셀 수 있는 명사 #명사의 복수형

A 다음 코드표를 보고 빈칸에 알맞은 말을 쓰고 [보기]와 같이 주어진 말을 적절한 형태로 바꿔 쓰세요.

■	□	◼	▤	▥	▦	◩	▨	▩	▲	△	▶	▼	▽	◆	◇	◈	○	◎	●	◐	◑	★	♠	♣	♡
A	B	C	D	E	F	G	H	I	J	K	L	M	N	O	P	Q	R	S	T	U	V	W	X	Y	Z

> **보기** a ■◐◇ of coffee → a __cup__ of coffee → three __cups of coffee__

1 a □◆●●▶▦ of water → a _____ of water → ten _____

2 a ◎▶▩■▦ of toast → a _____ of toast → two _____

3 a ◇◆◐▽▤ of sugar → a _____ of sugar → five _____

4 a ▶◆■▦ of bread → a _____ of bread → six _____

5 a □◆★▶ of cereal → a _____ of cereal → three _____

B 다음 문장의 밑줄 친 부분을 어법에 맞게 고쳐 쓰세요.

1 <u>Milks</u> is good for health. 우유는 건강에 좋다. → _ _ _ _ _

2 Rachel buys three <u>pair</u> of shoes. 레이첼은 세 켤레의 신발을 산다. → _ _ _ _ _ _

3 He pays for two bags of <u>rices</u>. 그가 두 자루의 쌀값을 지불한다. → _ _ _ _

4 <u>A friendship</u> is important to her. 그녀에게 우정은 중요하다. → _ _ _ _ _ _ _ _ _

5 I give them five <u>glass</u> of juice. 나는 그들에게 다섯 잔의 주스를 준다. → _ _ _ _ _ _ _

6 The girl draws on <u>piece</u> of paper. 그 소녀가 한 장의 종이에 그림을 그린다. → _ _ _ _ _ _ _

📷 **우리말을 영어로 번역하여 SNS에 올려보세요.**

1 그는 한국 출신이다. (he, is, from)

→ _____

2 그들은 그들의 숙제를 한다. (they, do, their)

→ _____

3 말들이 물을 마신다. (horse, drink)

→ _____

4 그 요리사는 소금이 필요하다. (the cook, needs)

→ _____

5 제이미는 영어를 한다. (Jamie, speaks)

→ _____

6 그녀가 세 잔의 커피를 만든다. (she, makes, cup)

→ _____

7 나는 두 덩어리의 빵을 산다. (I, buy, loaf)

→ _____

8 그는 점심으로 두 그릇의 밥을 먹는다. (he, eats, bowl, for lunch)

→ _____

9 여섯 병의 우유가 냉장고에 있다. (there are, bottle, in the refrigerator)

→ _____

10 다섯 조각의 파이가 접시에 있다. (there are, piece, on the dish)

→ _____

좋아요 4,719개

#명사 #셀 수 없는 명사 #셀 수 없는 명사의 수량 표현

A 다음 문장을 완성한 후, 퍼즐에서 숨겨진 정답을 찾으세요.

1 Jane is ___my___ sister. (I) 제인은 내 여동생이다.

2 She likes _____. (you) 그녀는 너를 좋아한다.

3 _____ enjoy the party. (they) 그들은 파티를 즐긴다.

4 People love _____. (she) 사람들은 그녀를 사랑한다.

5 The soccer ball is _____. (he) 그 축구공은 그의 것이다.

6 _____ teeth are sharp. (it) 그것의 이빨은 날카롭다.

Z	H	H	I	S	S	C	M
M	T	T	D	X	W	L	O
G	H	H	E	R	Z	M	Y
Q	E	O	P	D	O	K	P
T	Y	Y	V	Y	O	U	Y
I	T	S	G	G	Z	H	K
U	A	M	H	N	A	E	X
T	O	E	D	F	R	G	G

B 다음 우리말과 같은 뜻이 되도록 알맞은 단어를 연결하여 문장을 완성하세요.

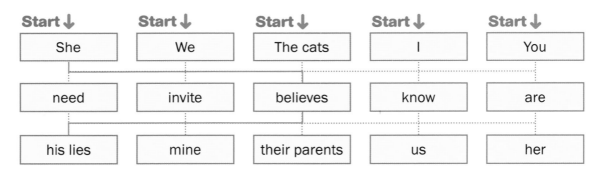

Start ↓	Start ↓	Start ↓	Start ↓	Start ↓
She	We	The cats	I	You
need	invite	believes	know	are
his lies	mine	their parents	us	her

1 그녀는 그의 거짓말을 믿는다. → _____She believes his lies._____

2 우리는 그녀가 필요하다. → _____

3 그 고양이들은 나의 것이다. → _____

4 나는 그들의 부모님을 안다. → _____

5 너는 우리를 초대한다. → _____

우리말을 영어로 번역하여 SNS에 올려보세요.

1 나는 그들을 존중한다. (respect)

→ _____

2 그것의 꼬리는 짧다. (tail, is, short)

→ _____

3 우리는 우리의 숙제를 한다. (do, homework)

→ _____

4 나는 그에게 매일 전화한다. (call, every day)

→ _____

5 그것들은 그녀의 사진들이다. (are, photos)

→ _____

6 그녀가 내 책을 읽는다. (reads, book)

→ _____

7 그들은 우리를 싫어한다. (hate)

→ _____

8 그 샌드위치들은 그들의 것이다. (the sandwiches, are)

→ _____

9 노란 드레스가 너의 것이다. (the yellow dress, is)

→ _____

10 그는 그의 조부모님과 함께 산다. (lives with, grandparents)

→ _____

좋아요 2,789개
#명사 #인칭대명사 #주격 #소유격 #목적격 #소유대명사

A 다음 그림을 보고, 주어진 단어를 이용하여 문장을 완성하세요. (단, 지시대명사를 사용할 것)

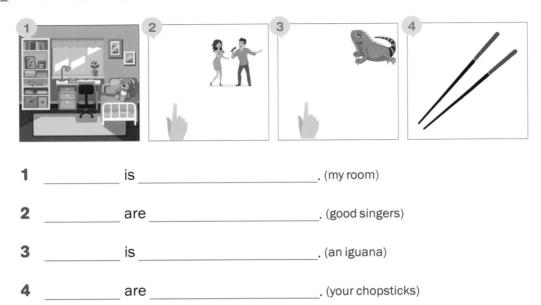

1 _____ is _____. (my room)

2 _____ are _____. (good singers)

3 _____ is _____. (an iguana)

4 _____ are _____. (your chopsticks)

B 다음 우리말과 같은 뜻이 되도록 알맞은 단어를 연결하여 문장을 완성하세요.

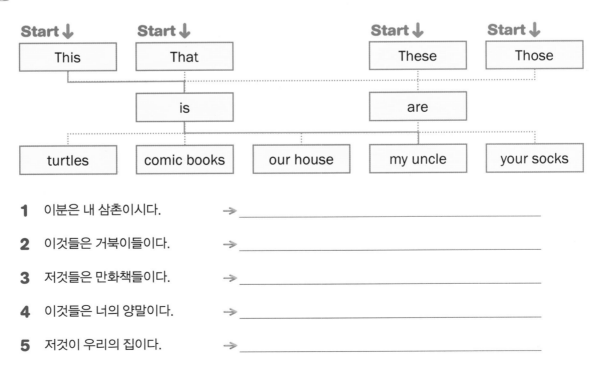

Start ↓   Start ↓   Start ↓   Start ↓
This   That   These   Those

                 is   are

turtles   comic books   our house   my uncle   your socks

1 이분은 내 삼촌이시다.   → _____

2 이것들은 거북이들이다.   → _____

3 저것들은 만화책들이다.   → _____

4 이것들은 너의 양말이다.   → _____

5 저것이 우리의 집이다.   → _____

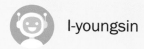
○ **우리말을 영어로 번역하여 SNS에 올려보세요.**

1 이것들은 내 공들이다. (my balls)

→ _____

2 이 분은 우리 엄마이시다. (my mom)

→ _____

3 저것이 너의 외투이다. (coat)

→ _____

4 저것들은 새 교과서이다. (new textbooks)

→ _____

5 이것이 내가 좋아하는 아이스크림이다. (favorite ice cream)

→ _____

6 이것들은 낡은 칫솔들이다. (old toothbrushes)

→ _____

7 저것은 날카로운 칼이다. (a sharp knife)

→ _____

8 이 사탕들은 나의 것이다. (candies)

→ _____

9 저 차들은 그들의 것이다. (cars)

→ _____

10 이 인형은 그녀의 것이다. (doll)

→ _____

♡ ○ ◁

좋아요 3,759개

#명사 #지시대명사 #this, that #these, those

A 다음 그림을 보고, 주어진 단어를 이용하여 문장을 완성하세요. (단, 비인칭 대명사 it을 사용할 것)

1 _____ (snowy)

2 _____ (eleven thirty)

3 _____ (99 km from here)

4 _____ (July 11th)

5 _____ (bright)

B 다음 우리말과 같은 뜻이 되도록 알맞은 단어를 연결하여 문장을 완성하세요.

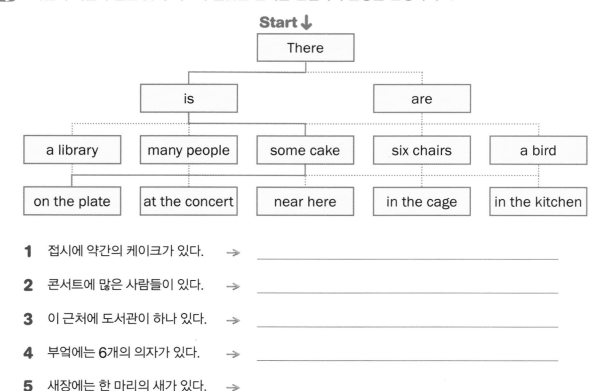

Start ↓

| There |

| is | | are |

| a library | many people | some cake | six chairs | a bird |

| on the plate | at the concert | near here | in the cage | in the kitchen |

1 접시에 약간의 케이크가 있다. → _____

2 콘서트에 많은 사람들이 있다. → _____

3 이 근처에 도서관이 하나 있다. → _____

4 부엌에는 6개의 의자가 있다. → _____

5 새장에는 한 마리의 새가 있다. → _____

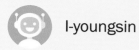
 우리말을 영어로 번역하여 SNS에 올려보세요. (단, 축약형은 쓰지 말 것)

1 토요일이다. (it, Saturday)

→ _____

2 여기는 어둡다. (it, dark, here)

→ _____

3 밖이 매우 춥다. (it, very cold, outside)

→ _____

4 12시 정각이다. (it, twelve o'clock)

→ _____

5 가을이다. (it, fall)

→ _____

6 우리 집 근처에는 두 개의 공원이 있다. (there, two parks, near my house)

→ _____

7 꽃병에 한 송이의 해바라기가 있다. (there, a sunflower, in the vase)

→ _____

8 내 지갑에 약간의 돈이 있다. (there, some money, in my wallet)

→ _____

9 방에 옷장이 하나 있다. (there, a closet, in the room)

→ _____

10 그 식당에는 많은 손님들이 있다. (there, many customers, in the restaurant)

→ _____

좋아요 5,729개
#비인칭 대명사 it #시간 #거리 #날씨 #날짜 #명암 #There is / are

A 다음 주어진 우리말에 맞게 문장을 완성한 후, 정답으로 피라미드를 만드세요.

(단, 피라미드가 내려갈수록 정답의 길이가 같거나 늘어나야 할 것)

1 나는 긴장된다.

→ _____ I am _____ nervous.

2 그것은 나의 것이다.

→ _____ mine.

3 그녀는 피아니스트이다.

→ _____ a pianist.

4 너 괜찮니?

→ _____ all right?

5 그것들은 깨끗하지 않다.

→ _____ clean.

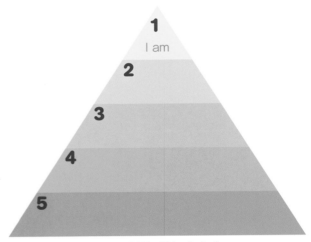

be동사의 현재형 피라미드

B 다음 그림을 보고, 알맞은 단어들을 골라 문장을 완성하세요.

1

he	✓we	I
am	✓are	is
✓on the beach	in the park	at school
→ We are on the beach.		

2

it	they	you
am not	are not	is not
gloves	a cap	a backpack
→ _____		

3

am	are	is
he	she	it
a farmer	a chef	a florist
→ _____		

우리말을 영어로 번역하여 SNS에 올려보세요. (단, 축약형은 쓰지 말 것)

1 나는 피곤하지 않다. (tired)

→ _____

2 당신은 중국인인가요? (Chinese)

→ _____

3 그는 버스 운전기사이다. (a bus driver)

→ _____

4 그녀는 부지런하지 않다. (diligent)

→ _____

5 그것은 그녀가 가장 좋아하는 인형이니? (her favorite doll)

→ _____

6 너희들은 학교에 늦었니? (late for school)

→ _____

7 그들은 교실에 없다. (in the classroom)

→ _____

8 우리는 중학생이다. (middle school students)

→ _____

9 내 여동생들은 귀엽다. (my sisters, cute)

→ _____

10 그 남자는 훌륭한 변호사이다. (the man, a good lawyer)

→ _____

좋아요 4,389개
#be동사 #be동사의 현재형 #am #are #is

A 다음 각 도형에서 우리말에 알맞은 단어를 하나씩 골라 문장을 완성하세요. (단, 중복 사용 가능)

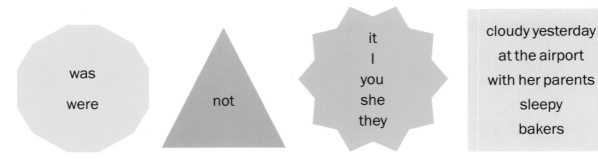

was
were

not

it
I
you
she
they

cloudy yesterday
at the airport
with her parents
sleepy
bakers

1 어제 날씨가 흐렸니? → Was it cloudy yesterday?

2 그들은 제빵사였다. → _____

3 나는 졸리지 않았다. → _____

4 너희들은 공항에 있었니? → _____

5 그녀는 부모님과 함께 있었다. → _____

B 다음 문장의 밑줄 친 부분을 어법에 맞게 고쳐 쓰세요.

1 The train <u>is</u> on time this morning. 오늘 아침 기차는 제시간에 왔다. → _ _ _

2 We <u>was</u> scared at that time. 우리는 그때 무서웠다. → _ _ _ _

3 He <u>not was</u> a diligent man. 그는 부지런한 사람이 아니었다. → _ _ _ _ _ _

4 My parents <u>are</u> in Hawaii last month. 지난달에 우리 부모님은 하와이에 계셨다. → _ _ _ _

5 <u>Were</u> Kelly in the yard then? 켈리는 그때 마당에 있었니? → _ _ _

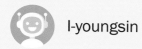 **l-youngsin**

 우리말을 영어로 번역하여 SNS에 올려보세요.

1 나는 그때 키가 크지 않았다. (tall, then)

→ _____

2 너는 그 쇼핑몰에 있었니? (at the shopping mall)

→ _____

3 그녀가 너의 이모였니? (your aunt)

→ _____

4 그 교과서들이 내 가방에 없었다. (the textbooks, in my bag)

→ _____

5 그들은 훌륭한 피아니스트였니? (good pianists)

→ _____

6 그는 작년에 건강하지 않았다. (healthy, last year)

→ _____

7 거리는 조용했다. (the street, quiet)

→ _____

8 우리는 어젯밤에 그 식당에 있었다. (at the restaurant, last night)

→ _____

9 그 강아지들은 1년 전에는 작았었다. (the puppies, small, a year ago)

→ _____

10 우리 엄마는 간호사이셨다. (my mom, a nurse)

→ _____

좋아요 6,229개
#be동사 #be동사의 과거형 #was #were

A 우리말에 알맞게 퍼즐과 문장을 완성하세요.

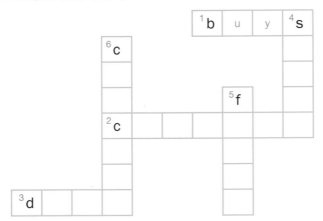

Across →

1 그 남자가 가구를 산다. → The man ___buys___ furniture.

2 기차가 승객들을 나른다. → The train _____ passengers.

3 그가 설거지를 한다. → He _____ the dishes.

Down ↓

4 소녀가 노래를 아름답게 부른다. → The girl _____ beautifully.

5 우리 형이 내 자전거를 고친다. → My brother _____ my bike.

6 에릭이 큰 물고기를 잡는다. → Eric _____ a big fish.

B 다음 우리말과 같은 뜻이 되도록 알맞은 단어를 연결하여 문장을 완성하세요.

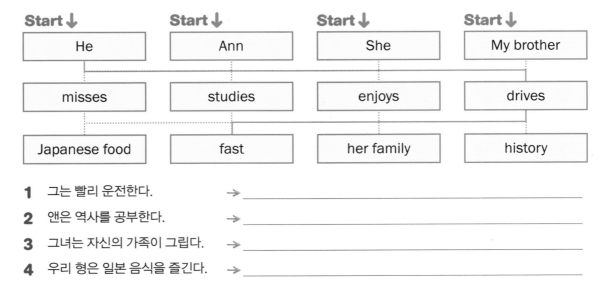

1 그는 빨리 운전한다. → _____

2 앤은 역사를 공부한다. → _____

3 그녀는 자신의 가족이 그립다. → _____

4 우리 형은 일본 음식을 즐긴다. → _____

I-youngsin

📷 **우리말을 영어로 번역하여 SNS에 올려보세요.**

1   그는 자신의 가족을 사랑한다. (love, family)

→ _____

2   우리 아빠는 집에 7시에 오신다. (my father, come home, at seven)

→ _____

3   샌더스 씨는 골프를 치신다. (Mr. Sanders, play golf)

→ _____

4   케빈은 산책을 한다. (Kevin, take a walk)

→ _____

5   내 여동생은 프랑스어를 배운다. (my sister, learn, French)

→ _____

6   톰 삼촌은 매주 주말 낚시하러 가신다. (uncle Tom, go fishing, every weekend)

→ _____

7   연 하나가 하늘을 난다. (a kite, fly, in the sky)

→ _____

8   제이슨은 세차를 한다. (Jason, wash, his car)

→ _____

9   그녀는 밀가루와 계란을 섞는다. (mix, flour and eggs)

→ _____

10   그 여성은 금발머리이다. (the woman, have, blond hair)

→ _____

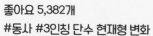

좋아요 5,382개

#동사 #3인칭 단수 현재형 변화

THIS IS
GRAMMAR
Starter

FINAL REVIEW

1~2 다음 빈칸에 들어갈 말로 알맞은 것을 고르세요.

1 They need a _____.
① love ② peace ③ water
④ money ⑤ house

2 Kate wants ten _____.
① milk ② apple ③ class
④ potatoes ⑤ paper

3~4 다음 빈칸에 들어갈 말로 알맞지 <u>않은</u> 것을 고르세요.

3 Mia has two _____.
① cake ② cars ③ teeth
④ children ⑤ pet dogs

4 She looks for _____.
① love ② hope ③ friend
④ advice ⑤ happiness

5~6 다음 빈칸에 공통으로 들어갈 말로 알맞은 것을 고르세요.

5
> • Three _____ of pie are on the plate.
> • They have ten _____ of furniture.

① cups ② bowls ③ loaves
④ pieces ⑤ bags

6

> • I need a new _____ of glasses.
>
> • She buys a _____ of socks.

① bag   ② pair   ③ loaf
④ slice   ⑤ pound

7 다음 밑줄 친 명사의 종류가 <u>다른</u> 것을 고르세요.
① <u>Dean</u> is my cousin.   ② Anna has five <u>fish</u>.
③ We have <u>homework</u>.   ④ I need some fresh <u>air</u>.
⑤ He puts <u>salt</u> in his soup.

8~9 다음 우리말을 영어로 바르게 옮긴 것을 고르세요.

8

> 그는 주스 세 잔을 마신다.

① He drinks three juice.
② He drinks three glass of juice.
③ He drinks three glass of juices.
④ He drinks three glasses of juice.
⑤ He drinks three glasses of juices.

9

> 두 장의 종이가 책상 위에 있다.

① Two papers are on the desk.
② Two pieces of paper is on the desk.
③ Two pieces of paper are on the desk.
④ Two pieces of papers is on the desk.
⑤ Two pieces of papers are on the desk.

10~11 다음 중 밑줄 친 부분이 어법상 어색한 것을 고르세요.

10 ① <u>Sheep</u> eat grass.   ② I need more <u>time</u>.
   ③ My dad teaches <u>science</u>.   ④ The tree has many <u>leaves</u>.
   ⑤ Five <u>mouses</u> are under the table.

11 ① It is <u>Monday</u>.   ② Julia likes <u>rain</u>.
   ③ He writes <u>storys</u>.   ④ Eight <u>women</u> are in the room.
   ⑤ Two <u>pianos</u> are in the classroom.

12~13 다음 중 어법상 어색한 것을 고르세요.

12 ① I need a bag of sugar.
   ② Five deer are in the woods.
   ③ She speaks an English well.
   ④ My brother washes the dishes.
   ⑤ Five tomatoes are in the basket.

13 ① Tina has white teeth.
   ② Bread is my favorite food.
   ③ The girls sit on the benches.
   ④ Butters are in the refrigerator.
   ⑤ She gives a piece of advice to me.

14 다음 밑줄 친 ① ~ ⑤ 중 어법상 어색한 것을 고르세요.

①<u>Alex</u> is my ②<u>friend</u>. He is from ③<u>Canada</u>. He and I like books. We often go to ④<u>librarys</u> and ⑤<u>bookstores</u> together. I like him very much.

15 다음 우리말과 같은 뜻이 되도록 빈칸에 알맞은 말을 쓰세요.

1) 두 봉지의 밀가루가 부엌에 있다.

→ Two _____ of flour are in the kitchen.

2) 샐리는 하루에 세 잔의 커피를 마신다.

→ Sally drinks three _____ of coffee a day.

16 다음 괄호 안의 단어를 알맞게 변형하여 문장을 완성하세요.

1) The babies play with _____. (toy)

2) The store sells _____ for women. (dress)

3) Ten _____ are on the bus. (person)

17~18 다음 문장에서 어법상 <u>어색한</u> 부분을 찾아 바르게 고쳐 쓰세요.

17

My birthday is in a March.

→ _____

18

Sam has a bikes.

→ _____

19~20 다음 우리말과 같은 뜻이 되도록 주어진 단어를 이용하여 문장을 완성하세요.

19

그는 두 장의 치즈를 원한다. (he, want)

→ _____

20

아이들은 눈을 좋아한다. (love, snow)

→ _____

정답 P. 18

1~3 다음 빈칸에 들어갈 말로 알맞은 것을 고르세요.

1 _____ is sunny today.

① I ② He ③ She
④ It ⑤ This

2 I know the boy. _____ is a new student.

① I ② He ③ She
④ You ⑤ They

3 This is not my school bag. It's _____.

① its ② him ③ her
④ yours ⑤ their

4~5 다음 빈칸에 들어갈 말로 알맞지 <u>않은</u> 것을 고르세요.

4 There is _____ in the refrigerator.

① cheese ② milk ③ bread
④ an apple ⑤ bananas

5 Those are _____.

① clock ② turtles ③ sheep
④ your books ⑤ my grandparents

6~7 다음 밑줄 친 부분을 대명사로 바꿀 때 알맞은 것을 고르세요.

6

<u>Max and I</u> are good friends.

① I ② You ③ We
④ They ⑤ These

7

> This is my house, and that is <u>their</u> house.

① it   ② its   ③ they

④ them   ⑤ theirs

8~9 다음 밑줄 친 대명사의 쓰임이 나머지 넷과 <u>다른</u> 하나를 고르세요.

8   ① <u>It</u> is spring.   ② <u>It</u> is dark here.

     ③ <u>It</u> is 500 meters.   ④ <u>It</u> is three o'clock.

     ⑤ <u>It</u> is my computer.

9   ① I know <u>her</u> name.   ② <u>Her</u> father is a doctor.

     ③ Those are <u>her</u> glasses.   ④ She loses <u>her</u> bag often.

     ⑤ Mark helps <u>her</u> at school.

10~11 다음 중 밑줄 친 부분이 어법상 <u>어색한</u> 것을 고르세요.

10   ① That <u>is</u> a rabbit.

      ② <u>This is</u> my sister, Angela.

      ③ <u>These is</u> flowers for you.

      ④ <u>There are</u> many fish in the river.

      ⑤ <u>There is</u> a mirror on the wall.

11   ① <u>There is</u> a car outside.

      ② <u>There is</u> a cup in the sink.

      ③ <u>There are</u> bees in the garden.

      ④ <u>There are</u> some water in the bottle.

      ⑤ <u>There are</u> many buildings in the city.

12 다음 중 어법상 <u>어색한</u> 것을 고르세요.

① I call him every day.

② It is December 22nd.

③ These are fresh pears.

④ That is my rain boots.

⑤ There is a park near my house.

13 다음 중 어법상 올바른 것을 고르세요.

① It color is brown.

② These pants are his.

③ Us house is on the corner.

④ She bakes cookies for my.

⑤ My bag is red, and your is blue.

14 다음 밑줄 친 ① ~ ⑤ 중 어법상 <u>어색한</u> 것을 고르세요.

①<u>There are</u> five people in ②<u>my</u> family. My father is a teacher. My mother is a doctor. My parents are very kind. My sister is a middle school student. She helps ③<u>me</u> with my homework. My brother is five years old. ④<u>He</u> is very cute. I love ⑤<u>their</u> very much.

15 다음 주어진 단어를 이용하여 문장을 완성하세요.

1) Mr. White teaches _____. (we)

2) _____ hair is long. (I)

3) These are _____ dogs. (he)

4) I visit _____ often. (they)

16 다음 주어진 우리말과 같은 뜻이 되도록 빈칸에 알맞은 말을 쓰세요.

1) 오늘은 월요일이다.
→ _____ is Monday today.

2) 이것들은 내 것이고, 저것들은 너의 것이다.
→ _____ are mine, and _____ are yours.

3) 거실에 탁자가 하나 있다.
→ _____ is a table on the living room.

4) 저분이 우리 할아버지이시다.
→ _____ is my grandfather.

17~18 다음 밑줄 친 부분을 대명사로 바꿔 문장을 다시 쓰세요.

17

Brian and Ted meet Jane every day.

→ _____

18

This present is for Jim.

→ _____

19~20 다음 우리말과 같은 뜻이 되도록 주어진 단어를 바르게 배열하여 문장을 완성하세요.

19

하늘에 별이 많다. (there, many stars, are, in the sky)

→ _____

20

저분들은 내 이웃이다. (are, my, neighbors, those)

→ _____

1~2 다음 중 동사원형과 3인칭 단수형이 <u>잘못</u> 짝지어진 것을 고르세요.

1 ① wash – washs ② sit – sits ③ end – ends
④ pray – prays ⑤ listen – listens

2 ① cry – cries ② talk – talks ③ worry – worryes
④ pass – passes ⑤ push – pushes

3~4 다음 빈칸에 들어갈 말이 바르게 짝지어진 것을 고르세요.

3

• I _____ nine years old now.

• They _____ on the beach yesterday.

① am – are ② are – are ③ am – was
④ am – were ⑤ was – were

4

• He _____ very hard.

• Mary _____ TV after dinner.

① study – watch ② study – watchs ③ studies – watch
④ studies – watches ⑤ studyes – watches

5~6 다음 대화의 빈칸에 알맞은 것을 고르세요.

5

A: Are you thirsty?

B: _____

① Yes, I am. ② Yes, you are. ③ Yes, I'm not.
④ No, I am. ⑤ No, you aren't.

6

A: Was your grandfather a lawyer?

B: _____

① Yes, he is.　② Yes, he were.　③ No, he wasn't.
④ No, she wasn't.　⑤ No, she weren't.

7~8 다음 빈칸에 들어갈 말이 나머지 넷과 <u>다른</u> 하나를 <u>고르세요</u>.

7　① _____ they rich?
　② She _____ very friendly.
　③ It _____ January 1st.
　④ My uncle _____ a scientist.
　⑤ That _____ my backpack.

8　① _____ the children noisy then?
　② The actor _____ not famous last year.
　③ _____ you free yesterday?
　④ Your shoes _____ under the bed then.
　⑤ We _____ in the movie theater yesterday.

9~10 다음 중 밑줄 친 부분이 어법상 <u>어색한</u> 것을 고르세요.

9　① <u>Am</u> I right?
　② You <u>is not</u> my friend.
　③ <u>Was</u> the test easy?
　④ We <u>weren't</u> at school yesterday.
　⑤ <u>Were</u> they busy at that time?

10　① Max <u>playes</u> the violin.
　② My school <u>finishes</u> at three.
　③ He <u>buys</u> his clothes at the store.
　④ My mom <u>kisses</u> me every night.
　⑤ The bird <u>flies</u> high in the sky.

11~12 다음 중 어법상 어색한 것을 고르세요.

11 ① He isn't an honest man.

② They in the playground are?

③ I was tired and hungry then.

④ She mixes sugar and eggs.

⑤ Ian does his homework at night.

12 ① The movie starts at two.

② Kathy washes the dishes.

③ They aren't in Rome last week.

④ I was at the party last night.

⑤ Jerry goes to school by bus.

13 다음 밑줄 친 부분의 줄임말이 잘못된 것을 고르세요.

① I am not nervous.

→ I amn't nervous.

② He is a shy boy.

→ He's a shy boy.

③ They are in Hawaii now.

→ They're in Hawaii now.

④ It was not an interesting book.

→ It wasn't an interesting book.

⑤ You were not happy with the news.

→ You weren't happy with the news.

14 다음 밑줄 친 ① ~ ⑤ 중 어법상 어색한 것을 고르세요.

My dad is very diligent. He ①gets up early. He ②runs around the park near my house. After that, he ③haves breakfast and reads a newspaper. Finally, he ④goes to work. He ⑤does many things in the morning.

15 다음 주어진 단어를 알맞은 형태로 바꿔 문장을 완성하세요.

1) My mom _____ afternoon tea. (enjoy)

2) Henry always _____ his best. (try)

3) My uncle _____ my computer. (fix)

16 다음 우리말과 같은 뜻이 되도록 빈칸에 알맞은 be동사를 쓰세요.

1) 너희 형들은 지금 키가 크니?

➡ _____ your brothers tall now?

2) 나는 지금 너에게 화가 나지 않는다.

➡ I _____ not angry at you now.

3) 그는 5년 전에 소방관이었다.

➡ He _____ a firefighter five years ago.

17~18 다음 우리말과 같은 뜻이 되도록 주어진 단어를 이용하여 문장을 완성하세요.

17

그녀는 영어를 가르친다. (teach, English)

➡ _____

18

그는 항상 자신의 전화기를 들고 다닌다. (carry, his phone)

➡ _____ all the time.

19~20 다음 우리말과 같은 뜻이 되도록 주어진 단어를 바르게 배열하여 문장을 완성하세요.

19

학생들은 그때 교실에 없었다. (in the classroom, not, the students, were)

➡ _____ at that time.

20

너의 엄마는 좋은 요리사니? (your mom, is, a good cook)

➡ _____

이것이 THIS IS 시리즈다!

THIS IS GRAMMAR 시리즈

▷ 중·고등 내신에 꼭 등장하는 어법 포인트 분석 및 총정리

THIS IS READING 시리즈

▷ 다양한 소재의 지문으로 내신 및 수능 완벽 대비

THIS IS VOCABULARY 시리즈

▷ 주제별로 분류한 교육부 권장 어휘

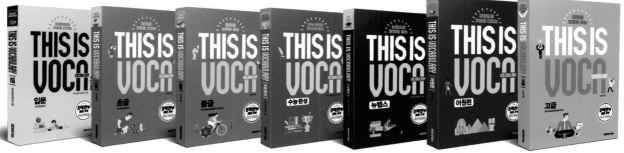

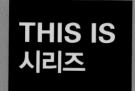

THIS IS 시리즈

무료 MP3 및 부가자료 다운로드
www.nexusbook.com
www.nexusEDU.kr

THIS IS GRAMMAR 시리즈
Starter 1~3   영어교육연구소 지음 | 205×265 | 144쪽 | 각 권 12,000원
초·중·고급 1·2   넥서스영어교육연구소 지음 | 205×265 | 250쪽 내외 | 각 권 12,000원

THIS IS READING 시리즈
Starter 1~3   김태연 지음 | 205×265 | 156쪽 | 각 권 12,000원
1·2·3·4   넥서스영어교육연구소 지음 | 205×265 | 192쪽 내외 | 각 권 10,000원

THIS IS VOCABULARY 시리즈
입문   넥서스영어교육연구소 지음 | 152×225 | 224쪽 | 10,000원
초·중·고급·어원편   권기하 지음 | 152×225 | 180×257 | 344쪽~444쪽 | 10,000원~12,000원
수능 완성   넥서스영어교육연구소 지음 | 152×225 | 280쪽 | 12,000원
뉴텝스   넥서스 TEPS연구소 지음 | 152×225 | 452쪽 | 13,800원

LEVEL CHART

	초1	초2	초3	초4	초5	초6	중1	중2	중3	고1	고2	고3
VOCA	초등필수 영단어 1-2·3-4·5-6학년용											
					The VOCA + (플러스) 1~7							
			THIS IS VOCABULARY 입문·초급·중급						고급·어원·수능 완성·뉴텝스			
						WORD FOCUS 중등 종합 5000·고등 필수 5000·고등 종합 9500						
Grammar			초등필수 영문법 + 쓰기 1~2									
			OK Grammar 1~4									
			This Is Grammar Starter 1~3									
					This Is Grammar 초급~고급 (각 2권: 총 6권)							
					Grammar 공감 1~3							
					Grammar 101 1~3							
					Grammar Bridge 1~3							
					중학영문법 뽀개기 1~3							
					The Grammar Starter, 1~3							
						구사일생 (구문독해 Basic) 1~2						
							구문독해 204 1~2					
						그래머 캡처 1~2						
							[특급 단기 특강] 어법어휘 모의고사					

THIS IS GRAMMAR

기초 문법의
확실한
첫걸음

넥서스영어교육연구소 지음

Starter

정답 및 해설

1

NEXUS Edu

THIS IS GRAMMAR

기초 문법의
확실한
첫걸음

넥서스영어교육연구소 지음

GRAMMAR

Starter

정답 및 해설

1

NEXUS Edu

UNIT 01
셀 수 없는 명사

✳ Check-up
P. 013

1 s	2 es	3 es
4 s	5 ies	6 s
7 ves	8 teeth	9 deer
10 s	11 es	12 es
13 s	14 ies	15 s
16 ves	17 women	18 fish

✳ Grammar 충전하기 10%
P. 014

1 a boat	2 apples	3 bears
4 a girl	5 eggs	6 a house
7 ants	8 a piano	9 cups
10 flowers	11 crayons	12 an owl

✳ Grammar 충전하기 30%
P. 015

A
1 bees	2 toys	3 benches
4 feet	5 classes	6 stories
7 foxes	8 children	

B
1 buses	2 hands	3 ladies
4 maps	5 knives	6 sheep
7 boys	8 dolls	9 potatoes
10 mice	11 watches	12 cities

✳ Grammar 충전하기 50%
P. 016

1 brothers	2 singer	3 glasses
4 cities	5 Fish	6 teeth
7 Butterflies	8 wolves	9 Tomatoes
10 apple		

✳ Grammar 충전하기 70%
P. 017

1 Boys, girls	2 Cats, mice
3 Sheep, deer	4 men, boxes
5 potatoes, carrots	6 Doctors, people
7 shoes, children	8 Ladies, dresses
9 knives, dishes	10 puppies, rabbits

✳ Grammar 충전하기 90%
P. 018

1 Girls read books.
2 Children like animals.
3 Elephants eat leaves.
4 Babies sleep on beds.
5 소년들이 공(들)을 가지고 논다.
6 사람들은 파티(들)를 한다.
7 학생들은 스쿨버스(들)에 탄다.

✳ Grammar 충전하기 100%
P. 019

1 ④	2 ①	3 ④
4 ③	5 ⑤	6 ②
7 ⑤	8 1) classes 2) eyes	

9 Jennifer wears glasses.
10 My uncle has three children.

해석
4 켈리는 다섯 마리의 물고기가 필요하다.
5 나는 세 개의 장미/가방/레몬/펜을 원한다.
6 ① 케이트는 빨간 신발을 신는다.
　② 그녀의 발은 아주 작다.
　③ 그들은 여자 아이용 드레스를 판매한다.
　④ 우리 이모는 두 명의 아기가 있다.
　⑤ 일주일은 7일이다.
7 ① 케빈은 배우이다.
　② 그는 열 마리의 양이 있다.
　③ 소년들은 장난감들을 가지고 논다.
　④ 그 클로버는 네 개의 잎이 있다.
　⑤ 엄마는 세 개의 샌드위치를 만든다.
8 1) 나는 월요일에 다섯 개의 수업이 있다.
　2) 대부분의 거미는 여덟 개의 눈이 있다.
10 우리 삼촌은 한 명의 아이가 있다. → 우리 삼촌은 세 명의 아이가 있다.

1 ①, ②, ③, ⑤는 cup, man, child, tooth의 복수형이고, ④ class는 단수형이다. 참고로 class의 복수형은 classes이다.

2 ①은 mouse의 복수형이고, 나머지는 모두 명사의 단수형이다.

3 ④ sheep의 복수형은 sheep이다.

4 빈칸 앞에 five가 있으므로 복수형이 필요하다. ①, ②, ④, ⑤는 단수형이고, ③ fish는 단수형과 복수형의 형태가 같다. 따라서 복수형이 가능한 ③이 정답이다.

5 빈칸 앞에 three가 있으므로 단수형 notebook은 알맞지 않다.

6 ② foot의 복수형은 foots가 아닌 feet이다.

7 ⑤ three 다음에는 복수형이 와야 하므로 sandwiches가 되어야 한다.

8 1) 빈칸 앞에 five가 있으므로 복수형이 와야 한다.

　 2) 빈칸 앞에 eight가 있으므로 복수형이 와야 한다.

9 한 쌍으로 이루어진 명사는 항상 복수형으로 써야 한다.

10 three 다음에는 복수형이 와야 하므로 child를 복수형 children으로 쓴다.

UNIT 02
셀 수 없는 명사

✸ Grammar 충전하기 10%

P. 022

A
1 desk	2 orange	3 dog
4 city	5 school	6 book

셀 수 있는 명사와 셀 수 없는 명사를 구분할 줄 알아야 한다.

* 셀 수 있는 명사: 1 desk 2 orange 3 dog 4 city 5 school 6 book

* 셀 수 없는 명사: 물질명사, 추상명사, 고유명사

1 furniture / paper / cheese: 물질명사

2 water / sand / tea: 물질명사

3 Mr. Brown / Korea / May: 고유명사

4 love / peace / hope: 추상명사

5 time: 추상명사 / English: 고유명사 / rain: 물질명사

6 friendship / news / happiness: 추상명사

B
1 cup	2 glass	3 bottle
4 piece	5 bag	6 loaf

✸ Grammar 충전하기 30%

P. 023

A
1 time	2 Julia	3 bread
4 air	5 milk	6 France

B
1 glasses of juice	2 loaves of bread
3 pieces of cake	4 slices of cheese
5 bags of rice	6 pairs of glasses

✸ Grammar 충전하기 50%

P. 024

1 Canada	2 money	3 snow
4 June	5 love	6 pieces
7 cups	8 bottles	9 pounds
10 bowl		

✸ Grammar 충전하기 70%

P. 025

A
1 I like rain.
2 Sam does his homework.
3 They speak Spanish.
4 We stay in Toronto.
5 She puts sugar into her coffee.

1 나는 비를 좋아한다.
2 샘은 자신의 숙제를 한다.
3 그들은 스페인어를 한다.
4 우리는 토론토에 머무른다.
5 그녀는 자신의 커피에 설탕을 넣는다.

B
1 a cup of hot chocolate
2 a piece of advice
3 three pairs of socks
4 Three loaves of bread
5 four bowls of salad

✸ Grammar 충전하기 90%
P. 026

1 I listen to music.
2 We have hope.
3 She makes three glasses of juice.
4 They buy five loaves of meat.
5 나는 두 조각의 토스트를 먹는다.
6 아이들은 눈을 좋아한다.
7 그는 세 잔의 차를 마신다.

✸ Grammar 충전하기 100%
P. 027

1 ③	2 ⑤	3 ④
4 ③	5 ②	6 ①

7 pounds, of, meat
8 My favorite food is bread.
9 I need a pair of socks.
10 There are three bags of rice

해석
3 그녀는 다섯 덩어리의 빵을 굽는다.
4 나는 한 조각(점)의 파이/케이크/충고/가구를 원한다.
5 ① 나는 두 그릇의 밥을 먹는다.
　② 우리 엄마는 한 자루의 밀가루가 필요하다.
　③ 그녀는 한 잔의 우유를 마신다.
　④ 그는 두 병의 와인을 가지고 있다.
　⑤ 그 남자는 다섯 파운드의 설탕을 산다.
6 ① 라이언은 런던에 산다.
　② 그녀는 바지 한 벌을 입는다.
　③ 우리는 두 잔의 우유가 필요하다.
　④ 나는 세 조각의 케이크를 원한다.
　⑤ 그는 차 한 잔과 쿠키들을 먹는다.
7 그는 일 파운드의 고기를 산다. → 그는 여섯 파운드의 고기를 산다.

해설
1 ③ 셀 수 있는 명사이다.
2 ①, ②, ③, ④ 셀 수 없는 명사 – 셀 수 없는 명사, ⑤ 셀 수 없는 명사 – 셀 수 있는 명사이다.
3 ④ bread를 세는 단위는 loaf이고 빈칸 앞에 five가 있으므로 복수형 loaves가 와야 한다.
4 ③ soup을 세는 단위는 bowl이다.
5 ② bag 앞에 a를 붙이거나, 수를 나타내는 단어와 함께 복수형 bags를 써야 한다. a bag of flour 또는 two bags of flour
6 ① 셀 수 없는 명사 앞에는 a/an을 붙일 수 없다.
7 빈칸 앞에 six가 있으므로 pound를 복수형으로 쓴다.
8 bread는 셀 수 없는 명사이므로 복수형으로 쓸 수 없다.
9 socks는 복수형으로 쓰는 명사로 주로 a pair of를 사용하여 수를 나타낸다.
10 rice를 세는 단위는 bag이고, 세 자루이므로 복수형으로 쓴다.

✸ Grammar 카드 충전소
P. 029

♠	cups	books	flowers
	dishes	foxes	
♦	tomatoes	heroes	potatoes
	zoos	radios	
♥	men	mice	sheep
	children	teeth	
♣	parties	ladies	days
	monkeys	leaves	
★	cup	glass	piece
	slice	bowl	bottle
	bag	pound	loaf

UNIT 03
인칭대명사

🌸 Check-up
P. 031

① my   ② yours   ③ he
④ her   ⑤ its   ⑥ ours
⑦ you   ⑧ they

🌸 Grammar 충전하기 10%
P. 032

1 I	2 She	3 They
4 your	5 his	6 it
7 us	8 me	9 ours
10 Yours		

🌸 Grammar 충전하기 30%
P. 033

1 I	2 It	3 They
4 Your	5 her	6 us
7 him	8 me	9 theirs
10 hers		

🌸 Grammar 충전하기 50%
P. 034

1 He	2 his	3 them
4 him	5 mine	6 her
7 It	8 They	9 His
10 us		

해석

1 데이브는 매우 수줍음을 많이 탄다. → 그는 매우 수줍음을 많이 탄다.
2 이것들은 그의 안경이다. → 이것들은 그의 것이다.
3 나는 바다 동물을 아주 좋아한다. → 나는 그것들을 아주 좋아한다.
4 타일러는 자신의 아버지와 낚시를 간다. → 타일러는 그와 낚시를 간다.
5 이것은 내 연필이다. → 이것은 나의 것이다.
6 그는 앨리스의 미소를 좋아한다. → 그는 그녀의 미소를 좋아한다.
7 그 노트북 컴퓨터는 무겁다. → 그것은 무겁다.
8 크리스와 진은 매우 배가 고프다. → 그들은 매우 배가 고프다.
9 브라이언의 형은 대학생이다. → 그의 형은 대학생이다.
10 우리 엄마는 내 여동생과 나를 위해 쿠키를 구우신다.
　　→ 우리 엄마는 우리를 위해 쿠키를 구우신다.

🌸 Grammar 충전하기 70%
P. 035

1 I, her	2 You, his	3 They, yours
4 His, me	5 He, mine	6 She, me
7 Her, her	8 You, my	9 We, its
10 Your, mine		

🌸 Grammar 충전하기 90%
P. 036

1 I love you.
2 She believes his words.
3 He sings for her.　　4 It looks like yours.
5 그것들은 우리의 것이다.　　6 내 친구들은 그들을 안다.
7 나는 그를 매일 만난다.

🌸 Grammar 충전하기 100%
P. 037

1 ②	2 ⑤	3 ③
4 ⑤	5 ②	6 ③

7 1) your 2) They 3) her 4) Theirs
8 you　　　　　9 He, He, it
10 We are late for school.

해석

1 스미스 씨는 그의 아이들을 사랑한다.
2 테드는 학교에서 우리를/너를/그녀를/나를 도와준다.
3 이 공들은 나의 것/너의 것/그의 것/그들의 것이다.
4 짐과 폴은 방과 후에 축구를 한다.
5 브라운 여사는 우리(나의) 선생님이다. 그녀는 매우 친절하다. 나는 그녀를 아주 좋아한다.
7 1) 나는 너의 충고를 원한다.
　2) 그들은 훌륭한 배우들이다.
　3) 우리는 그녀와 매일 아침 테니스를 친다.
　4) 우리의 차는 작다. 그들의 것은 크다.
8 너와 해리는 내 친구이다. 나는 너희들을 아주 좋아한다.
10 미아와 나는 학교에 늦는다. → 우리는 학교에 늦는다.

해설

1 ② 명사 앞에 쓰여 소유를 나타내는 소유격 대명사 his가 와야 한다.
2 목적어 역할을 하는 목적격 대명사가 필요하다. ⑤ their는 '그들의'라는 뜻의 소유격 대명사이다.
3 「소유격+명사」를 대신하는 소유대명사가 필요하다. ③ its는 소유격으로 뒤에 명사가 와야 한다.
4 Jim and Paul은 주어이고 복수이므로 3인칭 복수 주격 대명사 they와 바꿔 쓸 수 있다.
5 주어 역할을 하는 주격 대명사 she, 목적어 역할을 하는 목적격 대명사 her를 고른다.
6 '우리의 것'이라는 의미로 소유대명사 ours가 와야 한다.
7 1) 명사 앞에 쓰여 소유를 나타내는 소유격 대명사 your를 쓴다.
　2) 주어 역할을 하는 주격 대명사 they를 쓴다.
　3) 목적어 역할을 하는 목적격 대명사 her를 쓴다.
　4) '그들의 것'이라는 의미가 되어야 하므로 소유대명사 theirs를 쓴다.
8 you and Harry를 대신하는 2인칭 복수 목적격 대명사 you를 쓴다.
9 주어 역할을 하는 주격 대명사 he와 '그것을'에 해당하는 대명사가 와야 하므로 목적격 it을 쓴다.
10 Mia and I는 1인칭 복수 주격 대명사 We로 바꿔 쓸 수 있다.

UNIT 04
지시대명사

🌸 Grammar 충전하기 10%

P. 040

1 This, These	2 That, Those	3 This, Those
4 That, These	5 These, Those	

해석

1 이것은 레몬이다. / 이것들은 오렌지들이다.
2 저것은 거미이다. / 저것들은 나비들이다.
3 이 아이는 내 여동생이다. / 저 아이들은 내 남동생들이다.
4 저것은 축구공이다. / 이것들은 야구공들이다.
5 이분들은 내 부모님이시다. / 저분들은 내 조부모님이시다.

🌸 Grammar 충전하기 30%

P. 041

A 1 That is	2 These are	3 Those are
4 This is	5 Those are	6 This is

해석

1 저것은 시계이다.
2 이것들은 너의 장갑이다.
3 저것들은 우리의 애완견이다.
4 이것은 내가 좋아하는 음식이다.
5 저 아이들은 내 친한 친구들이다.
6 이것은 재미있는 책이다.

B 1 These	2 Those	3 This
4 That	5 Those	

🌸 Grammar 충전하기 50%

P. 042

1 That	2 This	3 Those
4 That	5 These	6 These
7 Those	8 This	9 Those
10 Those		

6

✴ Grammar 충전하기 70%

P. 043

1 That is our house.
2 This is an ugly duck.
3 This is my mother's ring.
4 That is a plane.
5 Those are dark clouds.
6 These are my earrings.
7 That sweater is mine.
8 These are good doctors.
9 Those drums are his.
10 These flowers are for you.

✴ Grammar 충전하기 90%

P. 044

1 Those are gorillas.   2 This is my textbook.
3 That is a great musician.   4 These are cupcakes.
5 이분이 내 할아버지이시다.   6 저 사과들은 신선하다.
7 저것은 그녀가 좋아하는 책이다.

✴ Grammar 충전하기 100%

P. 045

1 ①   2 ④   3 ④
4 ①   5 ⑤
6 1) This, that 2) These
7 These [Those]   8 That [This]
9 Those are computers
10 1) These are our neighbors.
   2) That is his birthday cake.

해석

2 저것들은(저들은) 사슴들/바나나들/더러운 잔들/그녀의 아이들이다.
3 ① 저것은 배나무이다.
   ② 저것은 너의 공책이다.
   ③ 저것은 빈 좌석이다.
   ④ 저기 있는 저 소녀는 케이트이다.
   ⑤ 저것은 내 남동생의 장난감 자동차이다.
7 이것들은(저것들은) 그녀의 드레스들이다.
8 저것은(이것은) 새 자전거이다.

해설

1 '이 아이'라는 의미의 지시대명사는 This이다.
2 Those는 복수명사를 가리키는 지시대명사로 단수명사인 their house는 알맞지 않다.
3 ①, ②, ③, ⑤ 지시대명사이고, ④ 지시형용사이다.
4 '이것'이라는 의미로 단수명사를 가리키는 지시대명사는 this이다.
5 '저분들'이라는 의미로 복수명사를 가리키는 지시대명사는 those이다.
6 1) '이것'이라는 의미의 지시대명사는 this, '저것'이라는 의미의 지시대명사는 that이다.
   2) '이것들'이라는 의미의 지시대명사는 these이다.
7 가리키는 대상이 복수명사로 These 또는 Those가 되어야 한다.
8 가리키는 대상이 단수명사로 That 또는 This가 되어야 한다.
9 '저것들'이라는 의미의 지시대명사는 Those로 「지시대명사+be동사+명사」의 어순으로 쓴다.
10 1) '이분들'이라는 의미의 지시대명사는 These로 「지시대명사+be동사+명사」의 어순으로 쓴다.
   2) '저것'이라는 의미의 지시대명사는 That으로 「지시대명사+be동사+명사」의 어순으로 쓴다.

✴ Grammar 카드 충전소

P. 047

♠

단·복수	인칭	주격	소유격	목적격	소유대명사
단수	1	I	my	me	mine
	2	you	your	you	yours
	3	he	his	him	his
		she	her	her	hers
		it	its	it	-
복수	1	we	our	us	ours
	2	you	your	you	yours
	3	they	their	them	theirs

◆ this   these
  that   those

UNIT 05
비인칭 대명사 it, There is/are

✿ Grammar 충전하기 10%
P. 049

A	1 날씨	2 계절	3 요일
	4 명암	5 거리	6 시간

해석
1 흐리다.
2 겨울이다.
3 금요일이다.
4 여기는 어둡다.
5 700미터이다.
6 5시 정각이다.

B	1 There is	2 There are	3 There are
	4 There is	5 There are	6 There is

해석
1 소파에 한 마리의 고양이가 있다.
2 탁자에 사진들이 있다.
3 상자에 장난감 로봇들이 있다.
4 컵에 커피가 있다.
5 꽃병에 꽃들이 있다.
6 벽에 시계가 있다.

✿ Grammar 충전하기 30%
P. 050

A	1 It, windy	2 It, 8:30	3 It, Tuesday
	4 It, April 15th	5 It, 2km	

B	1 There, is	2 There, is	3 There, are
	4 There, is	5 There, are	6 There, are

해석
1 숲에 한 마리의 곰이 있다.
2 은행 근처에 하나의 건물이 있다.
3 교실에 학생들이 있다.
4 접시에 약간의 치즈가 있다.
5 주차장에 많은 차들이 있다.
6 그 도시에 세 개의 호수가 있다.

✿ Grammar 충전하기 50%
P. 051

A	1 It is warm.	2 It is 9 o'clock.
	3 It is Monday	4 It is Children's Day
	5 It is November 18th	

B	1 There are two beds	2 There is a mirror
	3 There is some bread	4 There are five fish
	5 There is a boat	

✿ Grammar 충전하기 70%
P. 052

1 It is my birthday today.
2 It is rainy today.
3 It is three o'clock now.
4 It is 500 meters from here.
5 It is bright outside.
6 There is a plate on the table.
7 There are many snails in the garden.
8 There is a chipmunk in the yard.
9 There are twenty children in the pool.
10 There is lots of snow in the mountains.

✿ Grammar 충전하기 90%
P. 053

1 It is June 20th.   2 It is summer.
3 There is a lamp by the bed.
4 These are five tigers in the zoo.
5 (거리가) 800미터이다.   6 오늘은 수요일이다.
7 상자에 많은 장난감들이 있다.

✿ Grammar 충전하기 100%
P. 054

1 ①	2 ①	3 ⑤
4 ①	5 ⑤	6 ④

7 It   8 It is May 5th today.
9 There are many buildings in the city.
10 1) It is cold and snowy.
    2) There is some butter in the refrigerator.

1 밖에 바람이 분다.

2 여기서 런던까지는 80킬로미터이다.

3 책상 위에 가위/많은 연필/두 개의 지우개/다섯 권의 책이 있다.

4 오늘은 내 생일이다.

5 20명의 사람이 방에 있다.

6 ① 4시 정각이다.

　② 오늘은 목요일이다.

　③ 10월 15일이다.

　④ 그것은 내 우비이다.

　⑤ 이 방은 아주 어둡다.

7 • 오늘은 월요일이다.

　• 나는 자전거가 있다. 그것은 새것이다.

해설

1 날씨를 나타내는 문장으로 비인칭 대명사 It이 와야 한다.

2 거리를 나타내는 문장으로 비인칭 대명사 It이 와야 한다.

3 There are 다음에는 복수명사가 와야 하므로 단수 취급하는 셀 수 없는 명사인 ⑤ some paper는 알맞지 않다.

4 날짜를 나타내는 문장으로 비인칭 대명사 It이 와야 한다.

5 '~ 있다'라는 의미이고, 뒤에 복수명사 twenty people이 있으므로 There are가 와야 한다.

6 ①, ②, ③, ⑤ 시간, 요일, 날짜, 명암을 나타내는 문장으로 비인칭 대명사이고 ④ '그것'이라는 의미의 인칭대명사이다.

7 요일을 나타내는 비인칭 대명사와 명사를 대신 가리키는 인칭대명사 it이 필요하다.

8 비인칭 대명사 it을 써서 「It＋is＋날짜」의 어순으로 쓴다.

9 '~있다'라는 의미로 「There are＋복수명사＋장소」의 어순으로 쓴다.

10 1) 날씨를 나타내는 문장으로 비인칭 대명사 It을 써서 문장을 완성한다.

　2) '~있다'라는 의미이고 butter는 셀 수 없는 명사이므로 There is를 써서 문장을 완성한다.

🌸 Grammar 카드 충전소

P. 056

◆ It	It	It
It	It	It
It		

♣ There is	There is
There are	There are

UNIT 06
be동사의 현재형

🌸 Check-up

P. 058

1 am	2 are	3 is
4 is	5 is	6 are
7 are	8 are	9 is
10 are		

🌸 Grammar 충전하기 10%

P. 059

1 am	2 is	3 is
4 are	5 are	6 are
7 are	8 is	9 Are
10 Is		

🌸 Grammar 충전하기 30%

P. 060

A 1 Am, I	2 Are, you	3 It, is
4 They, are	5 We, are	

해석

1 내가 예쁘니?

2 너는 행복하니?

3 오늘은 금요일이다.

4 그것들은 내 애완동물들이 아니다.

5 우리는 피곤하지 않다.

B 1 I'm	2 She's	3 We're
4 aren't	5 isn't	6 aren't

🌸 Grammar 충전하기 50%

P. 061

A 1 He is not a pilot.

2 It is not difficult.

3 We are not in the third grade.

4 Are you a musician?

5 Is she in the classroom?

1 그는 비행기 조종사이다. → 그는 비행기 조종사가 아니다.
2 그것은 어렵다. → 그것은 어렵지 않다.
3 우리는 3학년이다. → 우리는 3학년이 아니다.
4 너는 음악가이다. → 너는 음악가니?
5 그녀는 교실에 있다. → 그녀는 교실에 있니?

B 1 they, are   2 it, isn't   3 I'm, not
4 she, is

해석
1 A: 그들은 쌍둥이니? / B: 응, 그래.
2 A: 이 수프는 뜨겁니? / B: 아니, 그렇지 않아.
3 A: 너는 새로 온 학생이니? / B: 아니, 그렇지 않아.
4 A: 이 사람이 너의 여동생이니? / B: 응, 그래.

✵ Grammar 충전하기 70%   P. 062

1 She is a painter.
2 The game is exciting.
3 We are on vacation.
4 My parents are Canadian.
5 He is not fat.
6 You are not police officers.
7 I am not angry.
8 Are you sick?
9 Are they your neighbors?
10 Is Fred in the library?

✵ Grammar 충전하기 90%   P. 063

1 We are in the amusement park.
2 Kelly is lovely.
3 They are not my glasses.
4 Is he a photographer?
5 나는 지루하지 않다.
6 당신은 선생님인가요?
7 이 영화는 재미있니?

✵ Grammar 충전하기 100%   P. 064

| 1 ① | 2 ② | 3 ④ |
| 4 ③ | 5 ① | 6 ③ |

7 1) is 2) am 3) are
8 Are you good at math?
9 My mom is not[isn't] a good cook.
10 1) I am in the museum.
   2) They are very expensive.

해석
1 나는 배가 고프다.
2 그것은 재미있지 않다.
5 A: 너는 지금 바쁘니? / B: 응, 그래.
6 ① A: 너희들은 쌍둥이니? / B: 응, 그래.
   ② A: 그것은 싱싱하니? / B: 응, 그래.
   ③ A: 내 말이 맞니? / B: 응, 그래.
   ④ A: 그는 수업에 늦니? / B: 아니, 그렇지 않아.
   ⑤ A: 그 소년들은 운동장에 있니? / B: 아니, 그렇지 않아.
7 1) 그녀는 욕실에 있다.   2) 나는 열 살이다.
   3) 너희들은 좋은 학생들이다.
8 너는 수학을 잘한다. → 너는 수학을 잘하니?
9 우리 엄마는 훌륭한 요리사이다. → 우리 엄마는 훌륭한 요리사가 아니다.
10 1) 그는 박물관에 있다. → 나는 박물관에 있다.
   2) 그것은 매우 비싸다. → 그것들은 매우 비싸다.

해설
1 빈칸 뒤에 am이 있으므로 1인칭 단수인 I가 와야 한다.
2 빈칸 뒤에 is가 있으므로 3인칭 단수인 It이 와야 한다.
3 We는 be동사로 are가 오고, be동사의 부정문은 be동사 뒤에 not을 쓴다.
4 '그는'이라는 의미의 주격 인칭대명사는 he이고 he는 be동사로 is가 오며, be동사의 의문문은 「be동사+주어~?」의 형태로 Is he가 와야 한다.
5 you(단수)로 물으면 I로 답해야 하고, 긍정의 대답은 「Yes, 주어+be동사」, 부정의 대답은 「No, 주어+be동사의 부정형」이다.
6 ③ I로 물으면 you로 대답해야 하므로 Yes, you are가 되어야 한다.
7 She는 be동사로 is가 오고, I는 am, You는 are가 온다.
8 be동사 의문문은 「be동사+주어~?」의 형태이다.
9 be동사의 부정문은 be동사 뒤에 not을 쓴다.
10 1) I는 be동사로 am이 온다.
   2) They는 be동사로 are가 온다.

UNIT 07
be동사의 과거형

✿ Grammar 충전하기 10%
P. 067

1 was	2 were	3 was
4 Was	5 was	6 were
7 were	8 were	9 was
10 Were		

✿ Grammar 충전하기 30%
P. 068

A
1 was	2 were not	3 were
4 was not	5 Was	6 Were

해석
1 나는 그때 박물관에 있었다.
2 그 사람들은 친절하지 않았다.
3 그 손님들은 제시간에 왔다.
4 그 시험은 쉽지 않았다.
5 그 창문은 깨져 있었니?
6 그들은 같은 팀이었니?

B
1 The movie was	2 I was not
3 Were you	4 My parents were
5 Lenny was not	6 Was my book

✿ Grammar 충전하기 50%
P. 069

A
1 It was a strange feeling.
2 I was with my friends.
3 They were very noisy.
4 Was he a good chef?
5 Dave and Rick were not in class.

해석
1 그것은 이상한 느낌이다. → 그것은 이상한 느낌이었다.
2 나는 내 친구들과 있다. → 나는 내 친구들과 있었다.
3 그들은 매우 시끄럽다. → 그들은 매우 시끄러웠다.
4 그는 훌륭한 요리사니? → 그는 훌륭한 요리사였니?
5 데이브와 릭은 수업 중이 아니다. → 데이브와 릭은 수업 중이 아니었다.

B
1 She was not[wasn't] rude.
2 We were not[weren't] at the gym.
3 My camping trip was not[wasn't] fun.
4 Was he a firefighter?
5 Were the tickets expensive?

해석
1 그녀는 무례했다. → 그녀는 무례하지 않았다.
2 우리는 체육관에 있었다. → 우리는 체육관에 있지 않았다.
3 내 캠핑 여행은 재미있었다. → 내 캠핑 여행은 재미있지 않았다.
4 그는 소방관이었다. → 그는 소방관이었니?
5 그 티켓들은 비쌌다. → 그 티켓들은 비쌌니?

✿ Grammar 충전하기 70%
P. 070

1 Was he great	2 It was his birthday
3 The bus was empty.	4 They were not rich.
5 Was your uncle an actor?	6 I was not ready
7 Were you in China	8 We were at the zoo
9 The children were very excited.	
10 These songs were not popular	

✿ Grammar 충전하기 90%
P. 071

1 She was in the hospital.
2 You were not[weren't] lucky.
3 They were soccer players.
4 Was it a sad story?
5 나는 그때 거기에 없었다.
6 그 소년은 용감했다.
7 그들은 해변에 있었니?

✿ Grammar 충전하기 100%
P. 072

1 ④	2 ④	3 ⑤
4 ②	5 ⑤	6 ④

7 I was [we were]
8 He was not[wasn't] nervous. / Was he nervous?
9 It was not your fault.
10 Were they in the fourth grade

1 Lisa는 작년에 아홉 살이었다.

2 그녀는 그때 그녀의 방에 없었다.

3 나는/그는/제인은/우리 언니는 정원에 있었다.

6 ① 테드는 배가 고프지 않았다.

   ② 나는 어제 아프지 않았다.

   ③ 그들은 우리 선생님이 아니었다.

   ④ 너는 도서관에 없었다.

   ⑤ 우리 형들은 작년에 키가 크지 않았다.

7 A: 너는 제니의 집에 있었니? / B: 응, 그랬어.

8 그는 긴장했다.

   부정문 → 그는 긴장하지 않았다.

   의문문 → 그는 긴장했니?

해설

1 주어가 Lisa이고 과거 시간 표현 last year가 있으므로 was가 와야 한다.

2 주어가 she이고 과거 시간 표현 then이 있으므로 wasn't가 와야 한다.

3 was가 있으므로 3인칭 복수 대명사 they는 알맞지 않다.

4 he는 be동사의 과거형으로 was가 오고, 부정문은 be동사 뒤에 not을 쓴다.

5 복수명사는 be동사의 과거형으로 were가 오고, 의문문은 「be동사의 과거형＋주어~?」의 형태이다.

6 ④ you는 be동사의 과거형으로 were가 오므로 weren't가 되어야 한다.

7 you(단수)로 물으면 I로, you(복수)로 물으면 we로 대답해야 한다.

8 부정문은 be동사의 과거형 뒤에 not을 쓴다.

   의문문은 「be동사의 과거형＋주어~?」의 형태이다.

9 부정문은 be동사의 과거형 뒤에 not을 쓴다.

10 의문문은 「be동사의 과거형＋주어~?」의 형태이다.

✴ Grammar 카드 충전소

P. 074

♠ am	is	are
♦ am not	is not	are not
Am I	Are you	Is he
♥ was	were	
♣ was not	was not	were not
Was he	Were they	

UNIT 08
3인칭 단수 현재형 변화

✴ Grammar 충전하기 10%

P. 076

A	1 takes	2 sees
	3 knows	4 listens
	5 wears	
B	1 washes	2 goes
	3 watches	4 fixes
	5 crosses	
C	1 studies	2 cries
	3 tries	4 carries
D	1 plays	2 buys
	3 enjoys	4 pays
E	has	

✴ Grammar 충전하기 30%

P. 077

1 loves	2 sings	3 wants
4 does	5 mixes	6 finishes
7 stays	8 gets	9 says
10 walks	11 comes	12 dries
13 loses	14 lies	15 pushes
16 calls	17 marries	18 has
19 teaches	20 sits	21 kisses
22 speaks	23 leaves	24 sprays
25 worries	26 lives	27 misses
28 dances	29 works	30 flies
31 passes	32 talks	33 waits
34 likes	35 touches	36 sleeps

✿ Grammar 충전하기 50%

P. 078

1 likes	2 fixes	3 plays
4 has	5 studies	6 finishes
7 grows	8 buys	9 does
10 starts		

✿ Grammar 충전하기 70%

P. 079

1 goes skiing in winter	2 watches TV news
3 pays for the food	4 enjoys coffee
5 fixes broken things	6 learns yoga
7 carries a big bag	8 does the dishes
9 misses her friends	10 flies in the sky

✿ Grammar 충전하기 90%

P. 080

1 He plays basketball.　　2 The girl dances well.
3 She teaches science.　　4 Mike walks slowly.
5 한 대의 차가 나를 지나간다.
6 샘은 세수를 한다(얼굴을 씻는다).
7 우리 이모는 근사한 집을 가지고 있다.

✿ Grammar 충전하기 100%

P. 081

1 ②	2 ①	3 ①
4 ③	5 likes, reads	6 gets, makes

7 brush → brushes
8 study → studies
9 My dad finishes work at six.
10 The bird flies high.

해석
3 ① 그녀는 머리가 짧다.
　② 케빈은 파리에 산다.
　③ 벤은 자신의 차를 세차한다.
　④ 그 박물관은 9시에 문을 연다.
　⑤ 우리 아빠는 아침에 커피를 마신다.

4 ① 그 아기는 온종일 운다.
　② 론은 스페인어를 잘 한다.
　③ 테드는 밤에 TV를 본다.
　④ 그 여성은 열심히 일한다.
　⑤ 그녀는 자신의 방을 청소한다.
5 레이첼은 책을 좋아한다. 그녀는 그것들을 매일 읽는다.
6 우리 엄마는 일찍 일어난다. 그녀는 아침을 만든다.
7 우리 언니는 이를 닦는다.
8 그는 영어를 공부한다.

해설
1 ② 대부분의 동사는 동사에 -s를 붙여 3인칭 단수 현재형을 만들기 때문에 runs가 되어야 한다.
2 ① 「자음+y」로 끝나는 동사는 y를 ies로 바꿔서 3인칭 단수 현재형을 만들기 때문에 flies가 되어야 한다.
3 ① have의 3인칭 단수 현재형은 has이다.
4 ③ -ch로 끝나는 동사는 -es를 붙여 3인칭 단수 현재형을 만들기 때문에 watches가 되어야 한다.
5 주어가 3인칭 단수명사로 동사는 like와 read의 3인칭 단수 현재형을 쓴다.
6 주어가 3인칭 단수명사로 동사는 get과 make의 3인칭 단수 현재형을 쓴다.
7 -sh로 끝나는 동사는 -es를 붙여 3인칭 단수 현재형을 만든다.
8 「자음+y」로 끝나는 동사는 y를 ies로 바꿔서 3인칭 단수 현재형을 만든다.
9 「주어+3인칭 단수 현재형 동사」의 어순으로 문장을 완성한다.
10 「주어+3인칭 단수 현재형 동사」의 어순으로 문장을 완성한다.

✿ Grammar 카드 충전소

P. 083

♠ wants	hopes	likes
helps	visits	cooks
sings		
♦ goes	does	fixes
misses	watches	washes
♥ flies	cries	tries
carries	plays	enjoys
stays	buys	
♣ has		

WORKBOOK

UNIT 01
P. 086

A 1 ies   2 ves   3 es   4 es   5 eet
6 ice   7 s   8 s   9 men   10 eep

B 1 Men   2 holidays   3 teeth   4 Babies   5 pants
6 zoos

◎ 1 Monkeys climb trees.
2 Boys eat sandwiches.
3 Wolves chase deer.
4 Children want cookies.
5 Students read textbooks.
6 People take photos.
7 Writers write stories.
8 Girls paint with brushes.
9 Fishermen catch fish.
10 Cooks use knives.

UNIT 02
P. 088

A 1 bottle, bottles of water
2 slice, slices of toast
3 pound, pounds of sugar
4 loaf, loaves of bread
5 bowl, bowls of cereal

B 1 Milk   2 pairs   3 rice   4 Friendship   5 glasses
6 a piece

◎ 1 He is from Korea.
2 They do their homework.
3 Horses drink water.
4 The cook needs salt.
5 Jamie speaks English.
6 She makes three cups of coffee.
7 I buy two loaves of bread.
8 He eats two bowls of rice for lunch.
9 There are six bottles of milk in the refrigerator.
10 There are five pieces of pie on the dish.

UNIT 03
P. 090

Z	H	H	I	S	S	C	M
M	T	T	D	X	W	L	O
G	H	H	E	R	Z	M	Y
Q	E	O	P	D	O	K	P
T	Y	Y	V	Y	O	U	Y
I	T	S	G	G	Z	H	K
U	A	M	H	N	A	E	X
T	O	E	D	F	R	G	G

A 1 my   2 you   3 They   4 her   5 his   6 Its

B 1 She believes his lies.   2 We need her.
3 The cats are mine.   4 I know their parents.
5 You invite us.

◎ 1 I respect them.
2 Its tail is short.
3 We do our homework.
4 I call him every day.
5 They are her photos.
6 She reads my book.
7 They hate us.
8 The sandwiches are theirs.
9 The yellow dress is yours.
10 He lives with his grandparents.

UNIT 04
P. 092

A 1 This, my room   2 Those, good singers
3 That, an iguana   4 These, your chopsticks

해석
1 이곳은 나의 방이다.
2 저들은 훌륭한 가수들이다.
3 저것은 이구아나이다.
4 이것들은 너의 젓가락들이다.

B 1 This is my uncle.   2 These are turtles.
3 Those are comic books.   4 These are your socks.
5 That is our house.

1 These are my balls.

2 This is my mom.

3 That is your coat.

4 Those are new textbooks.

5 This is my favorite ice cream.

6 These are old toothbrushes.

7 That is a sharp knife.

8 These candies are mine.

9 Those cars are theirs.

10 This doll is hers.

UNIT 05

P. 094

A 1 It is[It's] snowy.

2 It is[It's] eleven thirty.

3 It is[It's] 99 km from here.

4 It is[It's] July 11th.

5 It is[It's] bright.

해석

1 눈이 내린다.

2 11시 30분이다.

3 여기서 99킬로미터이다.

4 7월 11일이다.

5 밝다.

B 1 There is some cake on the plate.

2 There are many people at the concert.

3 There is a library near here.

4 There are six chairs in the kitchen.

5 There is a bird in the cage.

1 It is Saturday.

2 It is dark here.

3 It is very cold outside.

4 It is twelve o'clock.

5 It is fall.

6 There are two parks near my house.

7 There is a sunflower in the vase.

8 There is some money in my wallet.

9 There is a closet in the room.

10 There are many customers in the restaurant.

UNIT 06

P. 096

A 1 I am   2 It is   3 She is

4 Are you   5 They are not

B 1 We are on the beach.

2 It is not a backpack.

3 Is she a florist?

해석

1 우리는 해변에 있다.

2 그것은 배낭이 아니다.

3 그녀는 플로리스트인가요?

1 I am not tired.

2 Are you Chinese?

3 He is a bus driver.

4 She is not diligent.

5 Is it her favorite doll?

6 Are you late for school?

7 They are not in the classroom.

8 We are middle school students.

9 My sisters are cute.

10 The man is a good lawyer.

UNIT 07

P. 098

A 1 Was it cloudy yesterday?

2 They were bakers.

3 I was not sleepy.

4 Were you at the airport?

5 She was with her parents.

B

1 was   2 were   3 was not   4 were   5 Was

1 I was not[wasn't] tall then.

2 Were you at the shopping mall?

3 Was she your aunt?

4 The textbooks were not[weren't] in my bag.

5 Were they good pianists?

6 He was not[wasn't] healthy last year.

7 The street was quiet.

8 We were at the restaurant last night.

9 The puppies were small a year ago.

10 My mom was a nurse.

A

```
            ¹b  u   y  ⁴s
        ⁶c          i
         a          n
         t      ⁵f  g
        ²c   a   r   r   i   e   s
         h          x
         e          e
    ³d   o   e   s  s
```

1 buys   2 carries   3 does
4 sings   5 fixes   6 catches

B 1 He drives fast.
2 Ann studies history.
3 She misses her family.
4 My brother enjoys Japanese food.

 1 He loves his family.
2 My father comes home at seven.
3 Mr. Sanders plays golf.
4 Kevin takes a walk.
5 My sister learns French.
6 Uncle Tom goes fishing every weekend.
7 A kite flies in the sky.
8 Jason washes his car.
9 She mixes flour and eggs.
10 The woman has blond hair.

Final Review

UNIT 01~02   P. 104

1 ⑤   2 ④   3 ①   4 ③   5 ④
6 ②   7 ②   8 ④   9 ③   10 ⑤
11 ③   12 ③   13 ④   14 ④

15 1) bags 2) cups
16 1) toys 2) dresses 3) people
17 My birthday is in March.
18 Sam has a bike. / Sam has bikes.
19 He wants two slices of cheese.
20 Children love snow.

해석

1 그들은 집이 필요하다.
2 케이트는 열 개의 감자를 원한다.
3 미아는 두 개의 자동차/치아/아이/애완견이 있다.
4 그녀는 사랑/희망/충고/행복을 찾는다.
5 • 세 조각의 파이가 접시에 있다.
　• 그들은 열 점의 가구가 있다.
6 • 나는 새로운 안경 하나가 필요하다.
　• 그녀는 양말 한 켤레를 산다.
7 ① 단은 내 사촌이다.
　② 애나는 다섯 마리의 물고기가 있다.
　③ 우리는 숙제가 있다.
　④ 나는 상쾌한 공기가 좀 필요하다.
　⑤ 그는 자신의 수프에 소금을 넣는다.
10 ① 양들은 풀을 먹는다.
　② 나는 시간이 더 필요하다.
　③ 우리 아빠는 과학을 가르치신다.
　④ 그 나무는 나뭇잎이 많다.
　⑤ 다섯 마리의 쥐가 탁자 아래에 있다.
11 ① 월요일이다.
　② 줄리아는 비를 좋아한다.
　③ 그는 이야기를 쓴다.
　④ 여덟 명의 여성이 방에 있다.
　⑤ 두 대의 피아노가 교실에 있다.
12 ① 나는 밀가루 한 봉지가 필요하다.
　② 다섯 마리의 사슴이 숲에 있다.
　③ 그녀는 영어를 잘 한다.
　④ 우리 형이 설거지를 한다.
　⑤ 다섯 개의 토마토가 바구니에 있다.

13 ① 티나는 하얀 치아를 가지고 있다.
　② 빵은 내가 가장 좋아하는 음식이다.
　③ 그 소녀들은 벤치에 앉는다.
　④ 버터가 냉장고에 있다.
　⑤ 그녀가 충고 하나를 나에게 한다.
14 알렉스는 내 친구이다. 그는 캐나다 출신이다. 그와 나는 책을 좋아한다. 우리는 종종 함께 도서관과 서점에 간다. 나는 그를 아주 좋아한다.
16 1) 그 아기들이 장난감들을 가지고 논다.
　2) 그 가게는 여성용 드레스를 판다.
　3) 열 명의 사람이 버스에 있다.
17 내 생일은 3월이다.
18 샘은 한 대의 자전거가 있다 / 샘은 자전거들이 있다.

해설

1 셀 수 있는 명사의 단수형 앞에 a를 붙여야 하므로 house를 고른다. 나머지는 셀 수 없는 명사로 앞에 관사 a가 오지 않는다.
2 빈칸 앞에 ten이 있으므로 명사의 복수형을 고른다. milk나 paper는 셀 수 없는 명사이다.
3 빈칸 앞에 two가 있으므로 셀 수 없는 명사 cake는 알맞지 않다.
4 셀 수 있는 명사의 단수형 앞에 a를 붙여야 하므로 friend는 알맞지 않다.
5 pie와 furniture를 세는 단위는 piece이다.
6 한 쌍으로 이루어져 항상 복수형으로 쓰는 glasses와 socks를 세는 단위는 pair이다.
7 ①, ③, ④, ⑤ 셀 수 없는 명사이고, ② 셀 수 있는 명사이다.
8 주스를 세는 단위는 glass이며, 세 잔이므로 glasses를 쓰고, 셀 수 없는 명사 juice는 그대로 쓴다. → three glasses of juice 주스 세 잔
9 종이를 세는 단위는 piece이며, 두 장이므로 pieces를 쓰고 셀 수 없는 명사 paper는 그대로 쓴다. → two pieces of paper 두 장의 종이
10 ⑤ mouse의 복수형은 mice이다.
11 ③ story는 「자음+y」로 끝나는 명사로 y를 ies로 바꿔 복수형을 만든다.
12 ③ 셀 수 없는 명사 English 앞에는 a/an을 붙일 수 없다.
13 ④ butter는 셀 수 없는 명사로 복수로 쓸 수 없다.
14 ④ library는 「자음+y」로 끝나는 명사로 y를 ies로 바꿔 복수형(libraries)을 만든다.
15 1) 밀가루를 세는 단위는 bag이고, 두 봉지이므로 bags를 쓴다.
　2) 커피를 세는 단위는 cup이고, 세 잔이므로 cups를 쓴다.
16 1) toy는 「모음+y」로 끝나는 명사로 -s를 붙여 복수형을 만든다.
　2) -s로 끝나는 명사는 -es를 붙여 복수형을 만든다.
　3) person은 불규칙 변화 명사로 '사람들'을 나타내는 복수형은 people이다.
17 셀 수 없는 명사 March 앞에는 a/an을 붙일 수 없다.
18 명사의 복수형 앞에는 a를 붙이지 않으므로 「a/an+단수명사」나 복수명사가 되어야 한다.
19 cheese를 세는 단위는 slice이고, 두 장이므로 slices를 써서 문장을 완성한다.
20 child의 복수형은 children이고, snow는 셀 수 없는 명사로 a/an를 붙이지 않고 복수형으로도 쓰지 않는다.

🕵️ UNIT 03~05 P. 108

1 ④	2 ②	3 ④	4 ⑤	5 ①
6 ③	7 ⑤	8 ⑤	9 ⑤	10 ③
11 ④	12 ④	13 ②	14 ⑤	

15 1) us 2) My 3) his 4) them

16 1) It 2) These, those 3) There 4) That

17 They meet her every day.

18 It is for him.

19 There are many stars in the sky.

20 Those are my neighbors.

해석

1 오늘은 화창하다.

2 나는 그 소년을 안다. 그는 새로 온 학생이다.

3 이것은 내 책가방이 아니다. 그것은 너의 것이다.

4 냉장고에 치즈/우유/빵/하나의 사과가 있다.

5 저것(분)들은 거북이들/양들/너의 책들/우리의 조부모님들이다.

6 맥스와 나는 좋은 친구이다.

7 이곳은 우리 집이고, 저것은 그들의 집이다.

8 ① 봄이다.
   ② 여기는 어둡다.
   ③ 500미터이다.
   ④ 3시 정각이다.
   ⑤ 그것은 내 컴퓨터이다.

9 ① 나는 그녀의 이름을 안다.
   ② 그녀의 아버지는 의사이다.
   ③ 저것들은 그녀의 안경이다.
   ④ 그녀는 종종 자신의 가방을 잃어버린다.
   ⑤ 마크가 학교에서 그녀를 도와준다.

10 ① 저것은 토끼이다.
   ② 이 아이는 내 여동생 안젤라이다.
   ③ 이것들은 너를 위한 꽃들이다.
   ④ 강에 많은 물고기들이 있다.
   ⑤ 벽에 거울이 있다.

11 ① 밖에 자동차가 한 대 있다.
   ② 싱크대에 컵이 하나 있다.
   ③ 정원에 벌들이 있다.
   ④ 그 병 안에 약간의 물이 있다.
   ⑤ 도시에는 많은 빌딩이 있다.

12 ① 나는 그에게 매일 전화한다.
   ② 12월 22일이다.
   ③ 이것들은 싱싱한 배이다.
   ④ 저것들은 내 장화이다.
   ⑤ 우리 집 근처에 공원이 하나 있다.

13 ① 그것의 색은 갈색이다.
   ② 이 바지는 그의 것이다.
   ③ 우리의 집은 모퉁이에 있다.
   ④ 그녀는 나를 위해 쿠키를 굽는다.
   ⑤ 내 가방은 빨간색이고, 너의 것은 파란색이다.

14 우리 가족은 5명이다. 우리 아버지는 선생님이시다. 우리 어머니는 의사이시다. 우리 부모님은 매우 친절하시다. 우리 언니는 중학교 학생이다. 그녀는 내가 숙제를 하는 것을 도와준다. 우리 남동생은 다섯 살이다. 그는 매우 귀엽다. 나는 그들을 아주 많이 사랑한다.

15 1) 화이트 씨는 우리를 가르친다.
   2) 내 머리는 길다.
   3) 이것들은 그의 개들이다.
   4) 나는 종종 그들을 방문한다.

17 브라이언과 테드는 제인을 매일 만난다. → 그들은 그녀를 매일 만난다.

18 이 선물은 짐을 위한 것이다. → 그것은 그를 위한 것이다.

해설

1 날씨를 나타내는 문장으로 비인칭 대명사 It이 와야 한다.

2 the boy를 대신하는 대명사는 he이다.

3 「your+school bag」을 대신하는 소유대명사는 yours이다.

4 There is 다음에는 단수명사 또는 셀 수 없는 명사가 오므로 복수명사 bananas는 알맞지 않다.

5 Those are 다음에는 복수명사가 오므로 단수명사 clock은 알맞지 않다.

6 1인칭 복수 인칭대명사는 we이다.

7 「소유격(their)+명사(house)」를 대신하는 소유대명사는 theirs이다.

8 ①, ②, ③, ④ 계절, 명암, 거리, 시간을 나타내는 문장에 쓰인 비인칭 대명사 it이고, ⑤ 명사를 대신 가리키는 인칭대명사 it이다.

9 ①, ②, ③, ④ '~의'라는 의미로 명사 앞에 쓰여 소유를 나타내는 소유격 대명사, ⑤ '~을/를'이라는 의미로 목적어 역할을 하는 목적격 대명사이다.

10 ③ These 다음에는 복수동사 are가 와야 한다.

11 ④ some water는 셀 수 없는 명사로 There is가 되어야 한다.

12 ④ rain boots가 복수명사이므로 복수명사를 가리키는 Those가 되어야 하고 is는 are이 되어야 한다.

13 ① color 앞에 쓰여 소유를 나타내야 하므로 소유격 대명사 Its가 되어야 한다.
   ③ house 앞에 쓰여 소유를 나타내야 하므로 소유격 대명사 Our가 되어야 한다.
   ④ 전치사 다음에는 목적격 대명사가 와야 하므로 me가 되어야 한다.
   ⑤ 「your+bag」을 대신하는 소유명사는 yours이다.

14 ⑤ '~을/를'이라는 의미로 목적어 역할을 하는 목적격 대명사 them이 되어야 한다.

15 1) 목적어 역할을 하는 목적격 대명사 us가 와야 한다.
   2) 소유 관계를 나타내는 소유격 대명사 my가 와야 한다.
   3) 소유 관계를 나타내는 소유격 대명사 his가 와야 한다.
   4) 목적어 역할을 하는 목적격 대명사 them이 와야 한다.

16 1) 요일을 나타내는 문장으로 비인칭 대명사 it이 와야 한다.
   2) '이것들', '저것들'이라는 의미의 지시대명사는 these와 those이다.
   3) '~가 있다'라는 의미로 There가 와야 한다.
   4) '저분'이라는 의미의 지시대명사는 that이다.

17 3인칭 복수 주격 대명사는 they이고, Jane을 대신하는 3인칭 단수 목적격 대명사는 her이다.

18 물건을 가리키는 3인칭 단수 주격 대명사는 it이고, Jim을 대신하는 3인칭 단수 목적격 대명사는 him이다.

19 '~가 있다'라는 의미로 「There are+복수명사+장소」의 어순으로 문장을 완성한다.

20 「지시대명사+be동사+명사」의 어순으로 문장을 완성한다.

UNIT 06~08 · P. 112

1 ① 2 ③ 3 ④ 4 ④ 5 ①
6 ③ 7 ① 8 ② 9 ② 10 ①
11 ② 12 ③ 13 ① 14 ③

15 1) enjoys 2) tries 3) fixes
16 1) Are 2) am 3) was
17 She teaches English.
18 He carries his phone
19 The students were not in the classroom
20 Is your mom a good cook?

해석

3 • 나는 지금 아홉 살이다.
  • 그들은 어제 해변에 있었다.

4 • 그는 매우 열심히 공부한다.
  • 메리는 저녁을 먹은 후에 TV를 본다.

5 A: 너는 목이 마르니? / B: 응, 그래.

6 A: 너의 할아버지는 변호사셨니? / B: 아니, 그렇지 않았어.

7 ① 그들은 부유하니?
  ② 그녀는 매우 친절하다.
  ③ 1월 1일이다.
  ④ 우리 삼촌은 과학자이다.
  ⑤ 저것은 내 배낭이다.

8 ① 아이들이 그때 시끄러웠니?
  ② 그 배우는 작년에 유명하지 않았다.
  ③ 너는 어제 한가했니?
  ④ 네 신발은 그때 침대 아래에 있었다.
  ⑤ 우리는 어제 영화관에 있었다.

9 ① 내 말이 맞니?
  ② 너는 내 친구가 아니다.
  ③ 그 시험은 쉬웠니?
  ④ 우리는 어제 학교에 없었다.
  ⑤ 그들은 그때 바빴니?

10 ① 맥스는 바이올린을 연주한다.
  ② 우리 학교는 3시에 끝난다.
  ③ 그는 그 가게에서 자신의 옷을 산다.

④ 우리 엄마는 매일 밤 나에게 뽀뽀를 한다.
  ⑤ 그 새는 하늘 높이 난다.

11 ① 그는 정직한 사람이 아니다.
  ② 그들이 운동장에 있니?
  ③ 나는 그때 피곤하고 배가 고팠다.
  ④ 그녀가 설탕과 계란을 섞는다.
  ⑤ 이안은 밤에 자신의 숙제를 한다.

12 ① 그 영화는 두 시에 시작한다.
  ② 캐시가 설거지를 한다.
  ③ 그들은 지난주에 로마에 없었다.
  ④ 나는 어젯밤에 그 파티에 있었다.
  ⑤ 제리는 버스로 학교에 간다.

13 ① 나는 떨지 않는다.
  ② 그는 부끄럼이 많은 소년이다.
  ③ 그들은 지금 하와이에 있다.
  ④ 그것은 재미있는 책이 아니었다.
  ⑤ 너는 그 소식에 행복해 하지 않았다.

14 우리 아빠는 매우 부지런하다. 그는 아침 일찍 일어난다. 그는 우리 집 근처 공원을 뛴다. 그 후에, 그는 아침을 먹고 신문을 읽는다. 마지막으로, 그는 출근을 한다. 그는 아침에 많은 일을 한다.

15 1) 우리 엄마는 오후에 마시는 차를 즐긴다.
  2) 헨리는 항상 최선을 다한다.
  3) 우리 삼촌이 내 컴퓨터를 고친다.

해설

1 ① -sh로 끝나는 동사는 -es를 붙여 3인칭 단수형을 만든다.

2 ③ 「자음+y」로 끝나는 동사는 y를 ies로 바꿔 3인칭 단수형(worries)을 만든다.

3 주어가 I이고 현재 시간 표현 now가 있으므로 am, 주어가 they이고 과거 시간 표현 yesterday가 있으므로 were가 와야 한다.

4 주어 he와 Mary는 3인칭 단수 대명사와 단수명사로 동사의 3인칭 단수형이 와야 한다. study는 「자음+y」로 끝나는 동사는 y를 ies로 바꿔 studies가, watch는 -ch로 끝나는 동사로 -es를 붙여 watches가 와야 한다.

5 you(단수)로 물으면 I로 답해야 하고, 긍정의 대답은 「Yes, 주어+be동사」, 부정의 대답은 「No, 주어+be동사의 부정형」이다.

6 grandfather를 대신하는 대명사는 he이고, 과거시제로 물었으므로 과거시제로 답한다.

7 ① 주어가 they로 빈칸에 are이, ②, ③, ④, ⑤ 주어가 she, it, my uncle, that으로 빈칸에 is가 와야 한다.

8 ①, ③, ④, ⑤ 주어가 the children, you, your shoes, we로 were, ② 주어가 the actor로 was가 와야 한다.

9 ② 주어가 you로 is not이 아니라 are not이 되어야 한다.

10 ① 「모음+y」로 끝나는 동사는 동사에 -s를 붙여 3인칭 단수형을 만들기 때문에 plays가 되어야 한다.

11 ② be동사 의문문은 「be동사+주어 ~?」의 형태로 Are they ~?가 되어야 한다.

12 ③ 과거 시간 표현 last week가 있으므로 weren't가 되어야 한다.

13 ① am not은 줄여 쓰지 않는다.

14 ③ have의 3인칭 현재 단수형은 has이다.

15 1) 「모음+y」로 끝나는 동사는 동사에 -s를 붙여 3인칭 단수형을 만든다.

2) 「자음＋y」로 끝나는 동사는 y를 ies로 바꿔 3인칭 단수형을 만든다.

3) -x로 끝나는 동사는 -es를 붙여 3인칭 단수형을 만든다.

16 1) 주어가 복수명사이고, 현재시제로 are가 와야 한다.

2) 주어가 I이고, 현재시제로 am이 와야 한다.

3) 주어가 he이고, 과거 시간 표현 five years ago가 있으므로 과거시제인 was가 와야 한다.

17 주어가 3인칭 단수로 동사의 3인칭 단수형이 와야 한다. teach는 -ch로 끝나는 동사로 -es를 붙여 만든다.

18 주어가 3인칭 단수로 동사의 3인칭 단수형이 와야 한다. carry는 「자음＋y」로 끝나는 동사는 y를 ies로 바꿔 만든다.

19 be동사 과거형 부정문으로 「주어＋be동사의 과거형＋not」의 어순으로 문장을 완성한다.

20 be동사 현재형 의문문으로 「be동사＋주어 ～?」의 어순으로 문장을 완성한다.

기초 영문법의 시작

THIS IS GRAMMAR Starter

1 영어의 첫걸음을 위한 **기초 영문법 포인트**

2 간단하고 체계적으로 정리된 **이해하기 쉬운 문법 설명**

3 단어 → 구 → 문장 쓰기 훈련으로 이어지는 **단계별 문법 충전하기**

4 배운 내용을 실생활에 응용하는 **EngGoGo 번역기 영작 훈련**

5 중등 내신 문제로 마무리하고 실전에 대비하는 **Final Review**

6 창의적 활동으로 응용력을 키워주는 **영문법+쓰기 워크북**

	초1	초2	초3	초4	초5	초6	중1	중2	중3	고1	고2	고3
Writing												
				공감 영문법+쓰기 1~2								
					도전만점 중등내신 서술형 1~4							
			영어일기 영작패턴 1-A, B · 2-A, B									
			Smart Writing 1~2									
Reading												
					Reading 101 1~3							
					Reading 공감 1~3							
					This Is Reading Starter 1~3							
					This Is Reading 전면 개정판 1~4							
					This Is Reading 1-1 ~ 3-2 (각 2권; 총 6권)							
					원서 술술 읽는 Smart Reading Basic 1~2							
									원서 술술 읽는 Smart Reading 1~2			
									[특급 단기 특강] 구문독해 · 독해유형			
Listening												
					Listening 공감 1~3							
					The Listening 1~4							
					After School Listening 1~3							
					도전! 만점 중학 영어듣기 모의고사 1~3							
									만점 적중 수능 듣기 모의고사 20회 · 35회			
TEPS												
					NEW TEPS 입문편 실전 250+ 청해 · 문법 · 독해							
						NEW TEPS 기본편 실전 300+ 청해 · 문법 · 독해						
						NEW TEPS 실력편 실전 400+ 청해 · 문법 · 독해						
							NEW TEPS 마스터편 실전 500+ 청해 · 문법 · 독해